I0285970

www.ingramcontent.com/pod-product-compliance
Lightning Source LLC
Chambersburg PA
CBHW071328190426
43193CB00041B/999
9781777886004

کهکشان
خاطره‌ای از غروب خورشید ندارد

اشعار ۱۳۹۰-۱۴۰۰

مهدی گنجوی

ناشر: آسمانا، تورنتو، کانادا
۱۴۰۱/۲۰۲۲

کهکشان خاطره‌ای از غروب خورشید ندارد
اشعار ۱۳۹۰ـ۱۴۰۰

شاعر: مهدی گنجوی
ناشر: آسمانا، تورنتو، کانادا
طرح جلد: مهدی پوریان
صفحه‌آرا: محمد قائمی
نوبت چاپ: اول، ۱۴۰۱/۲۰۲۲
شماره آی اس بی ان: ۹۷۸۱۷۷۷۸۸۶۰۰۴

حق چاپ برای ناشر محفوظ است.

فهرست

گذشته‌ی مشترک ۹
گلادیاتور ۱۱
مراسم ۱۴
باد ۱۵
لیوان و جسد ۱۶
مرگ یک نفره ۱۷
سابق بر این و در حال حاضر ۲۰
در شهر ۲۱
در تهران ۲۳
پرواز بر فراز تهران ۲۵
در کرمان ۲۷
این روزها ۲۹
عروسک ۳۰
خرید ۳۱
یک حفره‌ی گنده ۳۳
زوربای کرمانی ۳۵
عموها ۳۷
تسلیِ خاطرها ۳۸
زوربای کرمانی ۳۹
آینه ۴۲
تو مُرده‌ای ۴۳
سوگواری موازی ۴۵
تو مُرده‌ای ۴۷
کاش ۴۹
خون‌شویی ۵۱
گزارشِ بازگشاییِ مجازی ۵۳
رفع ابهام ۵۴
چه باید کرد؟ ۵۶
الدنگ‌ها ۵۸
در ستایش اخلاق بزرگان ۵۹
پیشکش خام‌دستانه به ارباب ۶۱
گاردین ۶۳

بومی	۶۵
پیشکش خام‌دستانه به ارباب	۶۶
آه ویروس عزیزم	۶۸
دایازپورا در سمت درست تاریخ	۷۰
دَرهَمُ‌الدوله	۷۳
علی‌الحساب	۷۵
عصب	۷۶
سال	۷۸
رأی استراتژیک	۸۰
غار اخبار	۸۲
مکاشفات	۸۳
از افتخارات یک جلسه	۸۵
گذر از یک وضعیت بی‌ثبات به وضعیت بی‌ثبات دیگر	۸۶
شعر با همراهی سوسمارالدوله‌ی میرزا آقاخان	۸۸
شعر با همراهی ماهنامه‌ی «قانون»	۸۹
شعری در چند فصل برای ترکمنچای	۹۱
هزار و یک قلم	۹۶
پویش دسته‌جمعی	۹۸

پرسش در توفان **۱۰۱**

پرنده	۱۰۳
پرسش در توفان	۱۰۴
یادسپاری	۱۰۶
سفر بدون تقویم	۱۰۸
پریروز، دیروز، امروز	۱۱۰
تا خوردن	۱۱۲

گم‌شدن در انقلاب ادبی / ابدی **۱۱۳**

سبک	۱۱۵
رمز/ مرز	۱۱۶
ما/ آن‌ها	۱۱۸
براندازی	۱۱۹
نان روی سنگ‌فرش	۱۲۰
مکالمه‌ی مغربی	۱۲۲
گم‌شده در ترجمه	۱۲۳
ذِکر	۱۲۵
تبعید در زبان	۱۲۶
صورت‌بندی	۱۲۷
بهار تنبل	۱۲۸

از امکاناتِ چاپ	۱۲۹
مخالفتِ رادیکال با تغییرِ وضعِ موجود	۱۳۰
صدسالگی	۱۳۱
دیدار یا عیادت	۱۳۳

دیدار یا عیادت ۱۳۵

دستگیری	۱۳۷
سوار هواپیما	۱۳۹
مرد شراب و کباب و رباب	۱۴۱
مهارت‌های اجتماعی	۱۴۳
The Spell	۱۴۵
پس از باران	۱۴۶
عرفان و لوله	۱۴۷
عبور و لاشه	۱۴۸
دمِ تو	۱۴۹

داستانِ دروازه‌بان	۱۵۱
امپایر (یک شعرِ بلند)	۱۸۵

انقلابِ حروف ۲۰۱

بعد از آخرین قیام	۲۰۳
از ساختمانِ سفید که بیرون آمدم	۲۰۵
منحنیِ معنا	۲۰۸
زبان مثلِ یک رود مُرد	۲۰۹
مروجِ بی‌وفایی	۲۱۱
عریان	۲۱۳
تابوت	۲۱۵
در اواخرِ زبان	۲۱۶

خرگوشِ خیس ۲۱۹

بی‌خیالی	۲۲۱
دهاندن	۲۲۳
سراشیبی‌های بدنِ تو	۲۲۴
چسب زدنِ احتمالِ شکسته	۲۲۶
دور شدن	۲۲۸
شلاق و عرفان‌هایش	۲۲۹
بازی	۲۳۱
آرزو	۲۳۲
افسردگیِ صبحانه‌ها	۲۳۴
ساختمانِ ۴۵ خیابان دانفیلد	۲۳۶
این دست	۲۳۸

با تو	۲۴۰
جنبش: سال‌ها بعد	۲۴۲
هیچ سفید	۲۴۳
عریانی از تن در آمده	۲۴۴
دسته کلید خانه‌ی قرضی	**۲۴۷**
قصیده	۲۴۹
جابه‌جایی	۲۵۳
احترام یک مشاور املاک	۲۵۵
اجساد موزون	۲۵۷
سنگرهای خانگی	۲۵۸
خنده‌ی باد	۲۶۱
بازنمایی ایران	۲۶۳
اجاره دادن ارزش‌های خانوادگی	۲۶۵
پیشنهاداتی که نمی‌کنم	۲۶۷
حرفِ غیر مشترک	۲۶۸
نگرانی	۲۷۰
تجزیه و تحلیل دبیرستان	۲۷۲
نقش درد	۲۷۳
شواهد پزشکی از یک تعزیه	۲۷۵
آ به درک	۲۷۶
کمک به بررس محترم	۲۷۷
عفریشتگان	۲۸۰
عجز	۲۸۱
گروتسک ۲	۲۸۲
لرزش	۲۸۳
وهی	۲۸۵
درباره‌ی سانسور	۲۸۷
از شعرهای سنگ قبر	۲۸۹
وهیات	۲۹۰
بیداری	۲۹۱
عبور از گِیت	۲۹۲
پناه	۲۹۳
هوس طولانی	۲۹۴
شادی	۲۹۵
از هوش می مکرر	۲۹۶
Short Christmas poems	۲۹۷
کاربردهای سایه	۲۹۸

گذشته‌ی مشترک

آی که دارد جهان صاف می‌شود
و یک صفحه می‌شود
و قیچی‌ای باز، مدام به سمتش می‌رود
از دست من خارج است   این قیچی
از دست من خارج است
وای

گلادیاتور

بگذارید از مرگ رفیقم برایتان بگویم
او برای زن‌ها گلادیاتور بود و
برای مردها کامیون.
وقتی می‌خندید
حداقل حواس دو نفر پرت می‌شد و
اگر می‌گفتی:
جناب مهندس...
جوابت را نمی‌داد
اجراهایش را در زیرزمینِ خودش
با رکابی می‌کرد
یا با شورت
گوشه‌ی خانه‌اش
یا اصلا گیتار را می‌گذاشت گوشه‌ای و می‌گفت:
حسش نیست.

۴۵ نوع ریش و سبیل را امتحان کرد و

۳۰ نوع مدل مو را امتحان کرد و
مواد و زن و فحش و دعوا را
امتحان کرد و
خنده در خانه‌ی کم‌خنده‌ی پدری و
مماشات با دختر باکره را امتحان کرد و
شرابِ دست‌سازِ مست نکن دُرست
کرد و
با اصرار به دستِ جوان تا به حال مست نکرده داد
و چنان غوغایی به پا کرد که هیچ‌کس آن شب نمی‌توانست روی یک خط صاف راه
برود.

دخترِ اسب سوارِ زیبا، کنارِ شِرکِ پیر
نقل قول از آدم‌هایی که اسمشان را از خودش در آورده بود
رانندگی با موسیقیِ ترنس، کنارِ وانتِ سایپای خمار
آخ می‌خواهم از مرگ رفیقم بنویسم
جابه‌جایی با ملافه در خیابانِ سوت و کور و
زنِ دمِ درِ خانه منتظر
بوسیدن در ملاءعام
با کل کل و شاخ و شانه
کلاه گیسِ زنانه به سر گذاشتن و
فرار از دستِ مردِ منحرفِ سرِ چهار راه
آخ که می‌خواهم از مرگ رفیقم بنویسم
سیگارِ مگنایِ مردافکن و
نایلن پُر عرقِ محله‌ی بدنام
خوابِ عقب‌مانده و گریه‌ی عقب‌مانده

آخ که می‌خواهم از مرگ رفیقم بنویسم
کفشِ مخِ دختر زن
روی شلوارِ دو در کرده
تل‌بازی با زندانیِ پیش از این و
دستی کشیدن در جاده‌ی خاکی
شوخی با دخترِ در حال گریه‌ی اهل کتک‌کاری
و فشردن زانویِ متزلزل من
وقتی خبرِ ازدواج عشقی قدیمی
ذهن مرا به صفر کشیده بود
آخ که می‌خواهم از مرگ رفیقم بنویسم.

مراسم

زنِ چادری
چنان به سمتِ مادر متوفی
که تازه هق‌هقِ قبلی را قورت داده بود
خیز برداشت و
گریه سر داد
که مادرِ متوفی راه دیگری نداشت
جز اینکه توی سر خودش و او
با هم بزند.

باد

اتوبوس‌ها در یک ردیف
روبه‌روی قبر تو
پارک کرده‌اند و
دود اگزوزشان
دمار از روزگارم در آورده.
باد سرِ قبرِ تو
بوی بهمن پا کوتاه می‌دهد.

لیوان و جسد

رفیق
جوری مرده‌ای که
چند تا از رفقایمان
کم مانده پیپ بخرند و کوکایین بزنند و
کارت صادر کنند:
شرلوک هولمز
کرمان، خیابان ۲۱ شهید مطهری

مرگ یک نفره

او بر تختی که
کسی از دور و برم بر آن نخوابیده بود
دراز کشیدُ

-"نه من نیامده‌ام نگرانش شوم
او که پا لخت نبود
وسط برف"

او بر تختی که
کسی از دور و برم بر آن نخوابیده بود
خوابیدُ

-"ماجرای عجیبی به میان آمده است
لیوانی در کنار جسد
ما همه نگران جسد هستیم"

او بر تختی که
مُردُ

-"مراسمی که در پیش داریم
مراسمی‌ست که ترجیحا با عجله برگزار می‌شود و
گردوخاک توی چشم‌هایتان می‌رود
حالا خود دانید"

او...
به من خبر رسیدُ

اِ ساعت که تازه هشت است و ساعتِ خوابِ گرامیِ این جانب را محترم بدارید
اِ صدای آشنایتان را می‌شناسم ولی لطفا قطع کنید و با صدای جنس مخالف تماس بگیرید
اِ مرا به نام می‌شناسید! پس بعدا به من زنگ بزنیدُ

حرف او را به وسط آوردید... این اوِ....

کلمات وقتی که خبر مرگ را می‌دهند در یک بسته می‌افتند و به هم می خورند و
این‌ور و آن‌ور می‌افتند و می‌شوند یک سالاد
من این سالاد را به دوستان زیادی از او تقدیم کردم
-"با چه مخلفاتی تقدیم کنم؟"

-"خوب دلیل مرگ چه بوده است؟"
برای من مهم نیست، هر مرگی مرموز است
همیشه بازی جرات و حقیقت بوده و
کسی جراتش را داشته و
کسی نداشته.
این نظرِ او در مورد من بود
مرموز نیست؟

چه می‌کنم؟
در باغی خیالی قدم می‌زنم
کسی آن‌جا نیست
جز بستنی‌فروشی که دارد روی پول بستنی می‌ریزد و
به من تعارف می‌کند
-"بستنی را که بخورید به پول می‌رسید"

گردبادی از پشتِ سر به سمتم می‌آید
سه ثانیه به آن نگاه می‌کنم
ثانیه‌ای به گردباد نگاه می‌کنم: از او نمی‌ترسم
ثانیه‌ای به خودم نگاه می‌کنم: از خودم نمی‌ترسم
بعد ثانیه‌ی آخر می‌رسد
آن ثانیه را دعوت می‌کنم
سرش را پایین انداخته و
هیچ‌جا با من نمی‌آید.

سابق بر این و در حال حاضر

با رفیقِ سابق بر این و در حال حاضر تل‌باز
که به پروسه‌های متعددِ ترک و اعتیاد
او را می‌شناختیم
روی سکوی از آفتابِ کله‌ی سحر پُر
دراز کشیده بودیم و
دوست دخترش
به چُرت رفته بود
به او نگاه کردم و گفتم
گاهی دلم برای رفیقمان تنگ می‌شود.
بدون آه و ناله که سبک ما نیست گفت:
هاااا!.

در شهر

در تهران

رفیقم اس‌ام‌اس طنز می‌نویسد و در راهروی اداره پست می‌کند برای کسی که در راهروی اداره می‌خواند.
رفیقم به تِی نگاه می‌کند که معده‌های دیشب را روی سرامیک جابه‌جا می‌کند و می‌گوید این بهترین شب زندگی من بوده است.
رفیقم نور چشمیِ حاج‌آقاست و حاج‌آقا بیست میلیون به شبکه‌ی تلویزیونی امام حسین نذر دارد.

من در این شهر آقا!
در حمام شهید سلیمی‌کیا
به دستِ مردِ خوش‌برخوردِ قدبلندِ پُرمو
که قد من به زانوی راستش می‌رسید
آقا! طول دستش از طول کمرم بلندتر بود.

پدرم می گوید
آب که سهل است

شلنگ را بکنی توی کون این مورچه‌ها!

می‌گوید: مطالعه‌ی موردی موش‌های تهران اثبات کرده
آن‌ها نروژی هستند
سال ۱۳۴۶ به تهران راه یافتند
از نروژ یاد فرانسه می‌افتد و با اشاره به یک تابلو
که همیشه مجبور بود جلوی دید باشد
می‌گوید:
فرانسوی‌ها به حکومتِ ویشی رأی ندادند آقا!
بعد می‌رود و به گارسون می‌گوید: مادر قحبه.
اتاقِ حراست جلوی ما می‌ایستد و رفیقم این بار به دولت می‌گوید:
پفیوز
بعد....

مطالعه‌ی موردی حشرات تهران اثبات کرده
سوسک‌های تهران کم‌تر شده‌اند.
کسی می‌گوید: پارازیت‌های ماهواره
دست‌وپای سوسک را می‌دهد هوا.
بعد سیگارش را در چمنِ زیرِ پایش خاموش می‌کند و
می‌پرسد:
چرا سوسک‌ها که می‌میرند برعکس می‌شوند؟

به یاد تهران می‌افتم
جایی که طول خیابان‌هایش
از طول رویاهای من بلندتر است.

پرواز بر فراز تهران

شب بود و
صدای رادیو
دور ماشین‌ها - این دانه‌های تسبیح -
گره خورده بود.

آن شَمَن گفت:
باید بر فراز تهران پرواز کنیم
تهران مبلی‌ست بزرگ
که روانکاوی مبتدی
سر هم کرده
از اعترافاتِ امثال ما.

شَمَن
اسم پل‌ها و خیابان‌ها و کوچه‌ها و
دیوارنوشته‌های دولتی را

به پرواز در آورد و
گفت: پرسش
پلی‌ست بر فراز یک رود
که سال‌هاست خشک شده.
در شهرِ نو
همه استناد به فراموشی می‌کنیم.

با صدای قیژِ آشنایِ دنده‌ی ماشین
به ذهنِ مسافرِ مبتدی خطور کرد
این شهر خاصیت پیازی دارد
که مشت خود را در آن، جا گذاشته‌ام و
حالا باید خود را
در خاطره‌ای غمگین
به خورد خودم دهم.

"هان ای دلِ عبرت بین
تهرانِ هراسیده، آیینه‌ی عبرت دان"
جلوی ماشین ما می‌شتافت و
ما را پشت خود می‌کشاند.

در کرمان

در پشت درهایِ نیمه بازِ این کوچه
ساقی‌های بی‌حوصله،
مشتریِ عجول.
با کلماتی نامفهوم
روز را - مثل ردِّ یک بخیه روی بدنم -
بدرقه می‌کنم.

مهرناز می‌گوید:
بچه که بودم خرخاکی‌ها را جمع می‌کردم گوشه‌ای و می‌شستم.
او دور خرابه می‌چرخد و هر بار پشت دیوارِ جلوتر از من قایم می‌شود.
"نصر من الله و فتح قریب" بر دیوار خرابه می‌چرخد دور سرم.
یک ماهی روی سقف
به ناخن اشاره‌ی دست من
اشاره می‌کند.

مهرناز در کرمان دو سه بار بیمار شد
دو روز بالا آورد
و خلاصه کار به این‌جا رسیده بود بگویم:
آینده راه می‌رود در این شهر
چون تریاکی‌ای که حُقه و ذغال را
از شدت نئشگی
به هم چسبانده!

کنار بیمارستان آرپی‌جی گرفته روی شانه
مجسمه‌ای که
گروهی می‌گویند سمت غرب و
گروهی می‌گویند
سمت خانه‌ی امام جمعه.

مهرناز می‌گوید:
فکر می‌کردم برای بدرقه
اشباحی خیس
با کاسه‌هایشان
پشت سرمان
بایستند.

همیشه در فروگاه
جای بخیه‌ی دو شهر
درد می‌گیرد.

این روزها

از رد و بدل شدن دود میان خنده
تا فراموشی.
از شهربازیِ رأی‌گانی
تا شهربندیِ همگانی.
با دخترِ نیمی تامب‌رایدر نیمی حنای مزرعه‌دار
که لای سوتینش جن‌ها خانه کردند.
از هوسِ عشقبازی میان تظاهرات
تا یادآوری رهبر اپوزیسیون
با احترامِ فائقه، میانِ معاشقه.
از روزهای سه سیگار تا صفحه‌ای در اینترنت باز می‌شد
تا روزگار پنج فحش تا اولین پچپچ مایوس‌کننده‌ی جدید
تحمل می‌شد.

حالا در روزگارِ کم‌مصرف
خاکستر سیگار را جمع کردن از روی فرش
با نوکِ انگشتِ زبان‌زده.

عروسک

مردانِ شلوار پارچه‌ای تنگ و کنسرت شجریان
آن‌ها که با ضبط ماشین و دسته کلید و
کیف پول به خانه رفتند و
همسرهایشان از پای ماهواره به استقبالشان آمدند.
مردان منگنه و پیوست
و تریاکِ گاه‌به‌گاه
که خوشبختی‌شان را با دستگاه دروغ‌سنج تمرین کردند.
مردان نگاه کردن به ساعت در دستشویی و
همراهی با دوستان در صف پمپ‌بنزین.
مردانی که سیگار عروسک‌شان بود
و می‌خوابیدند هر شب
مثل دارو در یک معده‌ی بیمار.

خرید

در جایی
که بگیروببند زیاد دارد و
در آن افراد
دست به پیشانیِ هم زده
عرقِ جبین می‌دزدند
مردی ته کوچه ناآشنا می‌زند.
گربه‌ی کتک‌خورده‌ای از زیر یک پراید به سمتم می‌آید
انگار خونی از خاطره‌ای قدیمی فواره می‌زند.
مترسکی بی‌دست در ته ذهن و
کلاغی بی‌منقار بر دیوار.
چون بوزینه‌ای هستم که خط‌ونشان بر پیشانی دارد و
در آینه دنبال یارِ بی‌خط و نشان می‌گردد
با پرورش‌دهنده‌ای که
شلاق در دست دارد و
انبساط خاطری بر چهره.
فرم ارزشیابی با جاهای خالی

در جوب خیابان
ته سیگاری بغلِ درِ انباری
و دوستِ مرده‌ای با کفی در دهان
کنارِ بخاری.
ساقی وحشت‌زده از تاکسی پیاده می‌شود
تا انتظاری عاشقانه
در کوچه‌ای خلوت به ثمر رسد.
انگار در من زخمی مرطوب
از گچِ یک دیوار بالا می‌رود.

تهران،
امشب به تو خواهم خندید.

یک حفره‌ی گنده

«از تشییع جنازه‌ی امید که برمی‌گشتیم»
آفرین این سطر خوبی برای شروع یک شعر وطنی‌ست
- اوقات خوشی برای شما آرزومندیم
زن بعد از اشاره به مواهب انقلاب این را گفت
و پرواز در آسمان یک سکانس بلند بود که تویش کسی می‌گفت:
- الان است که سقوط کنیم
نفر کناری گفت: بهتر نیست قبل از آن یک بار دیگر دستشویی بروم؟
مهماندار علامت هیس را با لب و لوچه‌ی آویزان ترسیم کرد
وطن همیشه از یک جمله که شهیدی در وصف انقلاب گفته شروع می‌شود
ستون‌ها پشت سر هم ایستاده بودند و...

ببخشید چند دقیقه این شعر به خاطر صدای اذان قطع می‌شود

هم‌زمان با اتمام حجت با مسئولان نظام
غذا را روی میز چیدند
خاله می‌گفت: سوغاتی پناهندگان مراسم عاشوراست

شوهر خاله هم تشویق می‌کرد بچه که می‌آوریم دوباره بچه بیاوریم
پدرم سُرفه می‌کرد و هی چُرت ذهنم می‌پرید

ناشیِ از خنده‌ی زمین
یک حفره‌ی گُنده در تهران درست شده بود
دوست سابقم با لباس شهردار رفت و
در اینستاگرامش خبر از بهبود جهان داد
و مثل همیشه پای بیتی از حافظ به میان کشیده شد
فهمیدم در دهان یک شهردار
شعر دنباله‌ی یک کار اداری‌ست.

زوربای کرمانی

عموها

همه‌ی کلمات را جمع می‌بندد
می‌گوید: مهدی‌ها
می‌گوید: موادهای مخدرها
می‌گوید: چه خبرها
اما به کورس سرهنگ‌زاده که می‌رسد
و همیشه حرف‌هایش به طرز عجیبی به کورس سرهنگ‌زاده می‌رسد
ناگهان دلواپس کسی یا چیزی می‌شود
می‌گوید: مهدی‌ها مزاحم‌ها کارها دارم خداحافظ‌ها.

تسلیِ خاطرها

عموها به من زنگ زد و گفت
شمرده است که تا به حال ۱۸ تا از رفقایش مرده‌اند
بعد مکثی کرد و ادامه داد:
«به گوزم‌ها که مرده‌اند ها
نباید خودم‌ها را که هلاک‌ها کنم
ها همین!
کاری نداری‌ها؟»

زوربای کرمانی

در کوچه‌ی قدیمی
که اخیرا عریض شده است
از کنار هر کس که می‌گذری
زیر چشمی نگاهش می‌کنی:
این ناکس عضو اطلاعاته.
بعد زیر لب می‌گویی: بهانه‌ی کون گوزو نون جو.

آنقدر به خانه‌ی ساقی سر زدی
که زنِ ساقی خیالاتی شد
زیرِ چهره‌ی تصادف کرده‌ات
چه رازها داری!

آی کابویِ صلاتِ ظهر در کرمان
که وافورِ چسبِ دوقلو خورده را
در تابوتی به نام پراید گذاشتی و

می‌خواستی عدالت را از دادگستری بگیری
رفتی خانه‌ی خواهرت تریاک کشیدی.

ای عموها
ای دچار به طاعون سیاه
بالشتت را لم داده‌ای
به طاعون سیاه می‌گویی:
ای دیوث‌ها ای دیوث‌ها.
و طاعون سیاه زیر فرشِ قرمزِ خانه‌ی تو پنهان می‌شود
تو به ان‌یکادهایی اعتقاد داری که چراغشان روشن نمی‌شود
تو به ان‌یکادهایی اعتقاد داری که معلوم نیست باطری‌اش مال دیروز است یا دو دهه پیش
تو به تاریخ از چشم پادشاهانِ لم‌داده نگاه می‌کنی
تو به جهان با چشم پادشاهانِ لم‌داده نگاه می‌کنی.

نگاه نخواهی کرد به عکس‌هایی که از تو می‌گیرند
چرا که یک روز چهره‌ات
بی‌اختیار افتاد روی آسفالتِ جاده‌ی ده بالا.

بگذار بقیه همه بنشینند
تو با حرکاتی من‌درآوردی
خواهی رقصید
و بسته‌های ده‌تاییِ دستمال کاغذی
که ده سال بعد از دیدار با آسفالت خیابان

می‌گذاری توی جیب پیراهنت
روی سینه‌ی کوچک‌تر شده‌ات
بالا و پایین می‌شوند.

آینه

دیشب آینه خانه‌مان افتاد و شکست.
خواستیم قابش را جدا کنیم
نگه داریم برای نقاشی
نشد
قاب را هم بیرون انداختیم.
صبح به پدرم زنگ زدم
از پشت تلفن صدای غریبه‌هایی می‌آمد
قرار شد بعدا زنگ بزنم
برادرم نوشت:
«خبرت می‌دهم چه شده
به من گفته‌اند بروم کرمان».

تو مُرده‌ای

سرزمین بلند
حوادثش را
شست‌وشو می‌دهد

سوگواری موازی

مرا آورده‌اند در این مکان علیه تو سوگواری کنم
سوگواریِ موازی
سوگواری علیه تو برای اهدافِ سیاسی
سوگواری علیه «من»، این ضمیرِ ناراضی
سوگواری علیه آن‌که پودر شد
سوگواری علیه آن‌که قابل شناسایی نیست
سوگواری در سیصد کلمه
سوگواری به شرط امضای ورقه
سوگواری برای لایک
سوگواری برای اجازه‌ی ورود به کشور

من که از کلمه‌ای که گم کرده‌ام پشیمانم
من که طاقت زبان خودم را ندارم

زبان من - این خشمِ لیز -

فرو داده در دهانم
شرم انسانیت من است
زبانم خاکریزی‌ست که از آن به خودم موشک می‌زنم
سوگواری با زبان دولتی

کجاست آن گریه‌ی ممنوعه
بنشینم بر قبرِ کلمات هق‌هق کنم

آه ای کلمه‌ی انزجار
وحدت کلمه‌ی آه
وحدت لغت فغان
وحدت زبان در فرو دادن هق‌هق

بنشین و آن‌که سوگواری می‌کند به بمب ببند
بنشین و انگشتِ تهدید
بر اشکِ زیر پلک بکش

بنشین و انگشت در چشمم فرو کن
انگشت در چشمم فرو کن

تو مُرده‌ای

تو مُرده‌ای
تو را به خاطر اعتراض به «اصلاح ساختار بودجه» کشتند.
چطور آدمی بودی
به خودت حق دادی
به مصوبه‌ی «شورای عالی هماهنگی اقتصادی»
انتقاد کنی؟
تو را کشته‌اند
و اینکه اجازه‌ی تیراندازی مستقیم داشتند یا نه
حایز اهمیت ثانوی هم نیست.
تو اگر خوش‌شانس باشی اسمت را در تاریخ نمی‌آورند
مثل آگهی فوتت
که در روزنامه نیامد
یا خودِ مرگت که بی‌بی‌سی «به طور مستقل» تایید نکرد.
تو باید برای رفع کدورت از «اصلاح ساختار بودجه»
به پمپ بنزین می‌گفتی:
«شما سرور من هستید پمپ»!

تو باید به خاطر ارزان خواستن سوخت
از خودت، جریان اصلاحات و چه بسا کره‌ی زمین خجالت می‌کشیدی.
حالا که تخت خوابیده‌ای
غیر از یارانه‌ی بنزین، دیگر نیازی به یارانه‌ی بهداشت هم نداری
و این تا حدی جبران اشتباهاتت
خواهد بود.

کاش

چه پیچیده است
فهمیدن آنکه از چه مُردم
آیا «جنگ جمل» راه افتاد درست بعد از افزایش قیمت
یا از شعار علیه گرانی به عملیات «مرصاد» پرتاب شدم
یا «هزینه‌ی یک جراحی اقتصادی» بودم
چرا که بدون مشورت با آقای لیلاز، کارشناس اقتصادی روزنامه‌ی «سازندگی» به خیابان آمده بودم؟
کاش برای تدفینم «صندوق بین المللی پول» گُلی بفرستد
کاش در ختمم
تفنگ گوشه‌ای بایستد و نوحه‌ی «تحریم» بخواند
کاش
پیش از معدوم شدنم
تنها یک‌بار، یک بارِ دیگر
اعترافی تلویزیونی را
در افشای ذات خودفروخته‌ی خودم تماشا کنم.
چه مرگی شیرین‌تر از صورتِ من کفِ خیابان

که سه قوه‌ی ما را
به وحدت رساند.
بی‌تابانه می‌خواهم
در تأیید همه‌ی حرف‌هایشان
سر تکان دهم
استخوان‌هایم اما سنگین شده
و زور جابه‌جا کردن فقرم را ندارد.

خون‌شویی

رجزخوانی برای جنازه‌ها؛
زبان فارسی به خون‌شویی افتاده است.
مرغ‌های جوانی که فرستادیم کشور همسایه
برای تخم‌کردن به خانه بازگشتند.
صدها کشته
چند قاره آن‌ورتر
در طول یک خمیازه
فراموش می‌شوند.
جوانان در تورنتو
بین دیدن یک فیلم « ♡ » دیگر
و شام غریبان برای قطع اینترنت،
خوردن یک «برانچ»
و شکایت از فلک را انتخاب کردند.
زبان فارسی می‌گوید «سبب» مهم‌تر است یا «مباشر»؟
یعنی که بگویی سبب و
«مدرس فلسفه» به روش استدلال کلامی

دو «👍 👍» بدهد به گلوله.
«کشتار» که 😔 است،
در جمله می‌گذاریم «سرکوب»
خاصه به شرط آنکه نوحه‌ی «تحریم» هم قبلش از گلو بگذرد
حفظ «عدالتِ هجایی» از اوجب واجبات است؛
شعار خوب باید جیب را گشاد کند
نه نَفَس را تنگ.
لغاتِ مستعملِ همدردی
کنجی افتاده‌اند.
لغاتِ مستعملِ همدردی
تا فردا
در ماموریتی پاره‌وقت
برای خواهر رییس‌جمهور
روی کاغذ بیایند.

گزارشِ بازگشاییِ مجازی

«انجمن صنفی داستان‌نویسان» از تاثیر مخرب قطعی اینترنت بر فروش هفته‌ی کتاب انتقاد کرد.

«کانون وکلای دادگستری» از وکلایی که به موقع هزینه‌ی تمدید پروانه را واریز نکردند شدیدا انتقاد کرد.

«مجریان تلویزیون» حضور مهناز افشار را در برنامه‌ی چه‌چیزک مورد انتقاد شدید قرار دادند که قبلا هم با واکنش جمعی از خوانندگان و بازیگران استار از جمله نیوشا ضیغمی مواجه شده بود.

گفتمانِ لزوم رفع حصر بعد از مصدق و نخست‌وزیرِ امام، مشمول اینترنت شد.

آقای روحانی یک روز بعد از فوت خواهرش از شرح تدبیر بنزینی‌اش خنده‌اش گرفت.

تاج‌زاده «معترضین واقعی» را به سکوت دعوت کرد.

مدرس علوم دینی در تلویزیون از کشتن بدون درد آشوبگران ابراز انزجار کرد.

چند جوان تدوین شدند.

مقادیری مطلب هنری و ادبی و عکس خانوادگیِ معوق‌مانده نشر شد.

رفع ابهام

بلندگوها به حوزه‌های رأی‌گیری برده شدند
عزاداران دعوت به سکوت شدند.

مامور معاینه‌ی جنازه
با عطف به دستورالعمل رأفت اسلامی
مردد بود در صورت‌جلسه «لاشه» بنویسد یا «شهید».

ثبت‌نامِ درهم‌فشرده‌ی کاندیداها
امید به آینده را
تثبیت می‌کرد.

در مدخل گلوها و گوش‌ها سوگواری تخمیر می‌شد.

شورِ نرده‌شکنِ هواداران فوتبال
در صف اخبارِ مجازی اول شد.

وامِ روسی بیانیه‌ی ضد امپریالیسم را لایک زد.

جنبش دانشجویی آمبولانس را بدرقه می‌کرد.

از قتل‌عام رفع ابهام شد
مقتول کشته‌سازی بود.

چه باید کرد؟

می‌توان به سعودی فحش داد
و اگر قبلا فحش داده‌ایم دوباره داد.
می‌توان تصویر کودک‌آزاری یک حیران را پخش کرد و
گفت: «همینیم دیگر»
بعد آن حیران را با تمام قوا دستگیر و وجدان را تزیین کرد.
می‌توان صبرکرد و صبر کرد و صبر کرد
و «فغان» که تمام شد
بیانیه داد: «صدا»،
و اگر دقت و جرات نداشت، غلظت داشت.
می‌توان از فرماندار تشکر کرد که اجازه داد تیر بزنند
می‌توان آرزو کرد کاش تیر را
لااقل آن یک تیر را
که جهان را دیوانه کرد
من می‌زدم.
می‌توان به سعودی فحش داد
می‌توان وجه انسانی اتخاذ کرد و هم‌زمان با افشاکردن، مبتذل ساختن، و اعتراف

گرفتن، همدردی کرد.

می‌توان به مرگ ترساند و در لحظه‌ای که فقیر ترسید، او را مسخره کرد.

می‌توان شمع روشن کرد و آه کشید

و به فواید تیربار در نیزار فکر کرد.

می‌توان علی‌الحساب فیلم‌نامه‌ای «خوش‌تکنیک»

که حوادثش در خاموشی اینترنت می‌گذرد نوشت.

می‌توان «منقلب» شد و تهدید کرد:

«از رأی دادن در انتخابات بعد

-و اگر این‌ها همین‌طور ماندند-

باتوجه به جمیع اوضاع

پرهیز خواهم کرد.»

می‌توان گفت: چرا «چه باید کرد»؟

«چه باید می‌کردیم» چرا نه؟

می‌توان سراغ پرسش بعد رفت.

الدنگ‌ها

از خواب که بیدار شدم
خبر فوری: دلیل پرواز هواپیماها سپر انسانی بود.
در حالِ شستنِ صورت
کفشِ کودک در زیر باران مانده بود.
صبحانه از گلوی صبح پایین نمی‌رفت
پیشنهادِ بازیگرِ رانتی
شماتت خود به جای محاکمه بود.
بلندگو از «عمقِ صداقت» در روضه‌ی خطا دم می‌زد
علت انکار اولیه هم مشخصا حجم مطالعه بود.
سر ظهر آرزوی مرگ می‌کرد
و آن‌که قربانی‌ای را می‌شناخت اشکش بند نمی‌آمد.
موقع غروب
وسطِ پرخاشِ غمزده‌ی یک زوج مهاجر
عکسِ خندان هیئت رئیسه با عضو شریفِ خانواده بود.

در ستایش اخلاق بزرگان

عزادُزدی
سوگ‌خوری
جسدبازی
هق‌هق‌آرایی
آشکارکُشی
پنهان‌زنی
فله‌گیری
خبربندی
تبرپراکنی
لایک‌آفرینی

ما کارگران دُکانشگاه چه؟
در پرتِ چُرت
یا حالِ تقاضا
یا پژوهشگریستن

پیشکش خام‌دستانه به ارباب

گاردین

سر بریده‌ی من روی سینه
از گزارش زیستِ هیپی‌وار جنوبی‌ام در گاردین
عیش می‌کند،
هنوز
و هر که چشم ندارد ببیند
عقده‌ی تنِ خاورمیانه‌ای دارد.
بردار
سر مرا از روی سینه،
به ایرانِ گاردین ببر
از ایرانِ فمینیسم جاری در حرمسرای قجر
از ایرانِ آزادی زنان تیرِ سلاحِ اجنبی،
از ایرانِ پلی‌بکِ وطنم‌وطنم‌وطنم در حمام
از ایرانِ جستجوی پول سعودی در همه، حتی شما خواننده‌ی اخموی عزیز
از ایرانِ در ذره ذره‌ی جهان درد یافتن،
از ایران معنویتِ را در توییتر یافتن،
از ایرانِ «عصر جدید»، ایران مال‌وحال

از ایرانِ عزمِ جزم بیزینس‌من جوان در تورنتو در بار شبانه
در اثبات انحلال بازار جهانیِ خنده
با سوشی و دنس
از ایرانِ استنکافِ مستاجری در تهران از دادن کرایه‌ای که نداشت به صاحبخانه‌ای که داشت،
با استناد به دانشجویی که در خارجه بر سر کوبید و گفت «نخیر! من چرا باید از فقر بگویم»
از ایرانِ سینمای شاعرانه با موضوع مصادره،
از ایرانِ نویسندگانِ نجیبِ روکش‌دار،
از ایرانِ پلاکاردهای مرگ بر کارگر در دست کارگر،
از ایرانِ ولاگ‌های یوتیوب، پارتیِ شل‌حجابی، قطره‌ی روشن‌کننده‌ی چشم،
از ایرانِ دهه‌ی طلایی، دهه‌ی کمدی و اصلا دهه‌ی خفنِ شصت

بردار،
به ایرانِ گاردین ببر.

بومی

در حال مشارکت در ابتذالِ بومی‌شده بودم
که بومی‌سازیِ الهیات
صدایم زد
به ندبه‌ها و مراثیِ امروزش گوش دهم.
بومی‌سازیِ خریدوفروشِ تسلیحات
از اصول غربیِ عرف بین‌الملل،
و لزوم نگاهِ ملی به مرگ شهروندان سخن گفت:
«هر آزمونی
یک خسارتِ بومیِ جانبی دارد.»
مهاجرِ بومی‌گستر
با مبارزِ لایکِ بومی‌خور
و سردبیر از زندان، بومی برگشته
میزگرد داشتند
و جهان را مثل کف دست تبیین می‌کردند.
گوشی‌ام را کنار گذاشتم و
در بقایای رویای متلاشی شده‌ام
پرسه زدم.

پیشکش خام‌دستانه به ارباب

آه ای ارباب عزیز،
我的灵魂伴

کاش از کودکی یادم داده بودی
به زبان مادری‌ات تو را ستایش کنم
کاش صلاح می‌دانستی و
بخش فارسی اداره‌ی نشریات به زبان‌های خارجیِ پکن را
تعطیل نمی‌کردی
لااقل منت می‌گذاشتی
یک شعبه در خیابان انقلاب می‌گشودی.

می‌ترسم با اشاره‌ای بیش از نیاز به مائو دلگیر شوی
یا از زیاده‌روی در تاکید بر کنفوسیوس
از اصول مقنن حزب فاصله بگیرم.

کاش مرا راهنمایی می‌کردی
چه‌طور می‌توانم خودم را به تو نزدیک‌تر احساس کنم
لطفا دستورالعمل سرایش شعر برایم بنویس
(علی‌الحساب از هم‌خانه‌ی دوستم خواسته‌ام
سطری که تو می‌پسندی برایم بفرستد).

چه‌قدر می‌ستایمت که ستاره‌ات لب‌هایم را پوشاند
چه‌قدر از اینکه به تو وابسته‌ام به خودم افتخار می‌کنم.

آه ای ارباب عزیز،
فارسی کجا شمایل نقاشی‌گونه‌ی زبان تو را دارد
«عشق» کجا و
«爱»
کجا؟
داده‌ام خطاط‌ها آینده‌ی فارسی را شبیه نگار تو بنویسند.

افتخار می‌کنم که مثلِ یک پیشگویی قدیمی
زیبایی در مینیاتور از قرن‌ها پیش چینی بود.

آه ویروس عزیزم

آه ویروس عزیزم، خوش آمدی
ببخشید در بدوِ ورودت
من در حال تظاهرات علیه امریکا بودم
بعد کمی سرم گرم کوباندنِ مشتِ محکم به ایادی غرب شد
کمی قبل‌تر البته در دانشگاه تذکر داده بودم
تجدد غرب مادی‌ست چون طب اسلامی ندارد
یا گفته بودم تجدد ایران عین غرب است با تفاوت مختصری در شُلِ حجابی که
فرهنگ ایرانی‌ست
جوان‌ها و بازیگر بندگانم هم داشتند از حقوق حقه من در آن سرِ جهان دفاع می‌کردند.
آه ویروس عزیزم، منت گذاشتی
من از دیدن تربیت‌شدگانم لذت بردم
آنها که می‌دانستند هم باید بلیسند
هم بگویند آخرالزمان است
هم لزوم پدافند ضدبیوتروریسم را از بودجه‌ی عمومی مطرح کنند
هم بگردند در دولت‌های دیگر استقبال مشابهی بیابند.
آه ویروس عزیزم،

با تو همان‌طور رفتار می‌کنم که با عشق در ادبیات فارسی
کمی سانسور قدر آدمی را بالا می‌برد
آری آری هنر از قید می‌زاید
هر جسدِ حقیری شایسته نیست اسم تو رویش بیاید
و آنکه فدایِ استقبال از تو می‌شود را درخواستِ آنلاین داده‌ام منتظر فتوای مجازی هستم.
قدم روی چشم گذاشتی
به جای جای سینه‌ی بندگان من وارد شو
امید است که با این شور که تو می‌روی
کل سلطه‌ی سرمایه را سرنگون سازی
آه ویروس دلبندم.

دایازپورا در سمت درست تاریخ

گفت: «ما که هیچ، حتی عناصر اربعه
اصلا خود آتش که به چشم می‌سوزاند
در واقع اصلاح‌طلب است»
با اشاره‌ای حکیمانه،
که وسطش هوای سرد تپقی انداخت،
ادامه داد:
«از تغییر انتظار پیشرفت نداشته باشیم
'رود بالاخره به دریا می‌رسد'
این جمله هم عارفانه است هم در کلام و فلسفه خوب می‌گنجد
یک چیزی هم بالاخره تهش گیر مان می‌آید.»

کجا بودیم؟
وقتی که کمپین‌های امضا
جای سیاست را گرفت
و کین‌سازی
مهارت خارج گویانی بود

که هر روز که پشت لپ‌تاب می‌نشستند می‌گفتند:
«امروز هرزنامه‌های بیشتری علیه ما نوشته شد
و ما علیه دیگران نوشتیم
ما در سمت درست تاریخیم.»
(صدایی از پشت: «بگو اکثریت را»)
«بله بله! اکثریت هم با ماست.»
و اگر مردم عادی (یا خدای ناکرده من و شما) باور نمی‌کردیم
یک گروه جدید تشکیل می‌دادند
به عضویتش در می‌آمدند و می‌گفتند:
«حالا چه؟»

و دوستی در مهمانی خودش را می‌خورد
چرا که دچار تردیدی اگزیستانسیالیستی شده بود:
«من چرا زورم نمی‌رسد به هر دو طرف
با یک لحن فحش بدهم؟»
«آیا در این اشتیاق فراوان و آن بی‌تفاوتی معنایی نهفته است؟
اگر ظرف مرا بشکست لیلی...»
بعد یک پیک عرق کشمش ایتالیایی یادآور مام وطن
و فعلا از نگرانی در آمدیم.

«طبق نظر کارگروه تعیین مصادیق فقر
فقر نوعی از یأس است
مثل عرق ریختن کارگر
که ناشی از پُرکاریِ غدد پوستی‌ست.»

آن یکی سینه سپر داد و پرچم را بالا گرفت و
«ببخشید یک لحظه یک نوتیفیکشن دارم»
و پرچم را دوباره پایین آورد و
زیر لب: «حرامزاده‌ها!
اعصاب نمی‌گذارند وسط شعار دادن.»

و البته که سانسور هیچ چیز نگفت
او نشسته بود و
مواظب بود یک کلمه از واقعیت کم‌وکسر نشود!

دَرهَمُ‌الدوله

آه شاه دَرهَمُ‌الدوله
کرونا آمده پدافند بفرست
گلوله را فرو کن در شهر
معذرت‌خواهی کن
طلب مرگ کن
آنکه طلبت را تکرار می‌کند
دستگیر کن
برای کشیدنِ سیل
پمپ در زمین فروکن
دوربین روشن بنما
زندگی که تا پایه خیس شد
جهیزیه بفرست
بزرگوار باش
مهلت بده بندگان خدا از تو تشکر کنند
- مردم سلحشور ایران...
کانکس برپا کن

اسبابِ صحنه دودر شد

- وای مردم چه بد شده‌اند

سگِ جنازه‌یاب دودر شد

- وای مردم چه بد شده‌اند

بگو در راه برگشت

کشتیِ حاملِ «حرفش را نزن»

کمک‌های بشردوستانه وارد کند

علم سرِ ذغال بگذار

ذغال که خاکستر شد

دل برای ذغال بسوزان

منشعب شو

فارسیِ طرفداری از بخشی از حکومت

و فارسیِ فحش دادن به بخشی از دولت:

به جای نتیجه‌گیری هم صدالبته طعنه بزن:

معاونتِ علی‌الحساب محترم ریاست‌جمهوری...

علی‌الحساب

علی‌الحساب بین دو واژه که منظورت را نمی‌رساند
آنکه کم‌تر نمی‌رساند
انتخاب کن
متن نهایی کلیه آنچه منظورت نبود را
به شکلی که بیش از این هم می‌شد
مقصودت را نرساند تنظیم کرده است.
نوشتن
واگذاری اندیشه است
در حین امضای پایان.
در جشن رونمایی
اگر تا آنجا که به صورتت می‌نشیند لبخند بزنی
اصلاحات حکمت خود را
در گوش تو خواهد گفت:
«یک بار دیگر»!

عصب

منجنیق‌های حکومتی
هر یک زخم بزرگ دیگری
بر روی پوست پرت می‌کنند.
عصب‌های خشم از درد وامی‌شود
و فحش مثل خون از زبان می‌ریزد.

مصیبت‌های موازی
نارضایتی‌های ناهمسان
در آدم‌های متضاد
می‌سازد.

دردِ متعدد
در تعدد من
جاخوش می‌کند.
به تجویزی حکومتی

مشتِ محدود من
بر عضلاتِ ذهنم
فرود می‌آید.

سال

سال شرم
سال هفت هزار، سال هفتاد میلیون
سال بودجه‌ی سازمانی از جیبِ زندانی
سال اعتراف‌کِشی از خود
سال تِرِند شدن چسب بر دهان
سال نگاهِ ترس‌خورده از چرخشِ مشکوکِ آشنایان
سال خشکِ هوار کشیدن در جرزِ دیوار
سال گوش دادن به مبادایِ پشت دیوار
سال خبرکِشی، سال بیرون فرستادگانِ با انگشتِ اشاره
سال خودخوری، خودسوسک‌پنداری، خودخَرکُنی
سال عرعرکشیِ بی‌خیالان و هُش‌هُش‌کنیِ مایه از مرداب درآورندگان
سال شادی‌های نارس
پنبه‌هایِ استراحت
گوش‌هایِ قنات‌شده
سال هدایت شدن به روزنامه‌های جعلی، مهندسیِ کِرکِرهای عمومی

پاره کردنِ عروسک‌هایِ نوشتن
سالِ عوض‌گیری
سال تعویضِ ایران، باد کردن و پنچرگیری
سال افتخار به نکردن
گوش‌زدهای «پسااستعماری» به شکم‌های گرسنه
تاریخ‌نویسی با اخبارِ مِیلی
سال عنقریب و هیچ‌وقت
سال دست‌به‌دست کردنِ فرو کردن
و اِعمالِ مکانیزه‌ی تعادل روی تارِ پوسیده‌ی بنفش
سال تمدیدِ مردگانِ پیشین و
عدد شدنِ درد
سال صورتی کردنِ فقر
ناف‌هایِ خونریز
جفت‌هایِ مرده
آب‌های بدون الف و ب
کودکِ جلویِ ماشین خوابیده و شیشه‌یِ از هم پاشیده
سال شکِ تصویر
به خواب رفتگیِ خود
در آینه‌ی گُر گرفته.

رأی استراتژیک

مُرد
بدون آنکه یک بار دیگر
فرصت رأی استراتژیک داشته باشد.
ناکام مُرد
شرمنده‌ی ناتمام ماندن وظایف شهروندی
با طیب خاطری چند از آنجا که ریق رحمت را
قبل از مهلت اظهارنامه مالیاتی
سرکشید.
نگرانِ آینده‌ی تصویرِ اجتماعی‌اش مُرد
در نبود او بارِ سهمگینِ تفسیرِ خدماتش را
چه کسی می‌کشید؟
مُرد
بدون یک بارِ دیگر استفاده از مزایای دموکراسی غربی
برای فاندریزینگِ صفِ قرمه‌سبزی
بدون اینکه فرصت کند یک آخر هفته‌ی دیگر
اشتباهات چپول‌ها را با نقل‌قولی از بانک مرکزی نشان دهد.

بدون یک دفاع جانانه‌ی دیگر از خدمات بنفش و سبز و خرداد پرحادثه.
مُرد قبل از سهیم شدن در شور عمومیِ بعدی
برای مبارز سابقا حزبی و حالا مدنی
و لایک شبانه‌ی مستی پای پُست برنده‌ی جایزه‌ی نوبل.
مُرد و فرصت نشد از حیثیت شاملو در برابر براهنی و براهنی در برابر صداوسیما و صداوسیما در برابر ترامپیزم مجددا دفاع کند.
مُرد و
جهانِ فانی را
با شعری از مولوی
و قطعه‌ای از شجریان
و مقداری قرآن‌خوانی
تنها گذاشت.
کِشتیِ فرهنگ را اما
بادبان‌های بعدی به پیش می‌برند.

غارِ اخبار

انگشت‌هایی که رأی دادند از آسمان به زمین می‌افتادند
زنانی که به کشورشان برنمی‌گشتند مرغِ عزا را با سورِ عروسی اشتباه گرفتند
مردانی که برای تعمیرِ سقف آمده بودند روی سقف چُرتشان گرفت
با خنده می‌گفتیم: «دارد جنگ می‌شود»
خوشحال از اینکه اشتباه تایپی
در خبرِ افزایشِ جهانیِ تسلیحات نظامی یاتفه‌ایم
چکه‌های ترس بدنمان را نرم کرده بود
آنقدر که هر خبری را در غاری پنهان کنیم
و در دیدار آن غار
سقف رویاهامان
روی سرمان آوار شود

مکاشفات

کشوری دیدم
که آن‌که درونش بود می‌خواست عوضش کند
و آن‌که از آن بیرون زده بود می‌خواست نگهش دارد
دیدم آن‌که در بیرون در صف اول فریاد بود
به درون که می‌رسید
آتش را کبریت ارزیابی می‌کرد و
کوران را
باد صبا

دیدم سیاست‌مداری که هر که می‌مرد
نگران آن پرنده‌ی کوچک گوشه‌ی لپ‌تابش بود
و مُبَلِغی که از اختلال اینترنت هراس داشت
چرا که فردا که سوره‌ام را دایرکت نکنم
پول قبض را چه کسی خواهد داد؟

دیدم آنها که خونِ ریخته روی زمین را

با رُژِ لب مقایسه کردند
و حکم همسایه‌ات را دوست بدار
به خانه‌ی ما شبیه همسایه خواهد ریخت
تفسیر شد

دیدم چگونه کلمات پرده‌ای بود
که باید قابی را پر می‌کرد
کمی بالا، کمی پایین
«کارگر از روی نردبان پایین می‌افتد» تفسیر بیننده است

رقصی دیدم عجیب
پسران هیوهفنر بوعلی‌سینا
دختران شُله‌شُله و اِن‌یکاد
و پیرمردان فحش و صلوات
دور تفنگی که قسم می‌خوردند
جای شعاع پوسیده‌ی یک دایره را خواهد گرفت

دیدم کمانِ انسانیت را که می‌کشیم
یادمان می‌آید
امشب پارتی دعوت بودیم
و عجله‌ای برای پرتاب تیر نیست
چرا که آینده همین زمان حال است
فقط ما از دور نگاهش می‌کنیم

از افتخارات یک جلسه

از خواب‌هایی که نپریده‌ام بیشتر هراس دارم
تا از آن‌ها که پریدم
جلسه به برگزار شدن خود افتخار می‌کرد
با چند پرسشگر که بعد از خطابه‌ای غرّا، جواب سوال را می‌دانستند
و چند نفر که روی لزوم تمرین دموکراسی تاکید داشتند
(و البته بنا به شواهد بعد از جلسه به پافشاری رسیدند)
انقلاب همراه با صندوق خالیِ حمایت از جلسه دست‌به‌دست می‌شد
حضار بر روی مهم‌ترین موضوعات
از قبیل تقدس شعر، لزوم تکرار نام خود، و اضطراب‌های مردی که زنش حاضر به سقط جنین نیست
توافق داشتند
نتیجه که داشت حاصل نمی‌شد
برگزارکننده با حرارتی تمرین‌شده رو به حضار گفت:
«تا».
یک کرگدن سفید
به استبداد سمبل کبوتر اعتراض کرد.

گذر از یک وضعیت بی‌ثبات به وضعیت بی‌ثبات دیگر

در حال حفظ کمال خویشتن‌داری بودیم
که امید مثل نانِ خشکیده در ظرف آب افتاد
و ذره ذره جلوی چشممان از هم شکافت.
قرار شد هر ذره را از آب بگیریم
تا در زیر حمایتِ مردمی و احیانا آفتابِ عالم‌تاب
خشک کرده، در موزه بگذارند.
رأی مردمی منتظر بود معلوم شود
چگونه یک وضعیتِ بی‌ثبات
به وضعیتِ بی‌ثبات دیگر تحول می‌یابد
و البته ذِکر تحولات جاری را
با چه نسخه‌ای از عرفان رسانه‌ها
باید زیر لب گرفت.
غیرقانونی بودن تشویش افکار عمومی
به غیرقانونی بودن تشویش افکار خودمان درباره‌ی عموم
تحول یافت.
ذره‌بین به دست

در حین کار به مولکول‌های سایزبندی شده نگاه کردیم
شرمنده‌ی عواقبی که این چند سطر تشتت فکری
بر حفظِ کمالِ متانت ما گذاشته بود.

شعر با همراهی سوسمارالدوله‌ی میرزا آقاخان

قربان،
عمل این ولایت
کلیتا سوخت
و کسر.
باید آن را
به کوک و کلک
و چوب و فلک
پادار کرد.
باید مداخل را عمومی
و مخارج را خصوصی
کرد
از من کوک و کلک
از تو چوب و فلک.

شعر با همراهی ماهنامه‌ی «قانون»

امان از این هم‌قطاران بی‌عار
با اینکه می‌بینند
ما همه در میان چه لجنِ سیاه غرقیم
باز در مجلس سینه پهن می‌کنند و می‌گویند:
«نمی‌دانید شاه چه ملت‌پرور است!
نمی‌دانید وزیر چه نجیب است!»

ای ننگِ جنس ایران
می‌دانیم گرسنه هستی و پیِ استخوان،
اما آخر یک قدری هم حیا
مردم تمام شدند
دولت رفت
کدام خرابی این دستگاه را
می‌توان پوشاند؟
این سلطنتِ آبدارخانه؟

این یغمای خزانه؟
این معکوسِ جمیعِ اصول اداره؟
با کدام عقل؟ با کدام جنون؟ راست می‌آید؟
فضلایِ زبان‌بسته
در پیچش و غلامیِ کلام
فضلِ منفی
صداقتِ مغضوب.

در عین این همه بغض
حال
وقت زندگیِ سخن است.

شعری در چند فصل برای ترکمنچای

دیباچه:
بعد از انعقاد عهدنامه‌ی مبارکه گلستان
و ظهور آداب کمال یکجهتی
به مقتضای حرکات آسمانی
تجاوزات ناگهانی
از جانب سرحدداران
پاک اما از مرآت ضمایر پادشاهانه
صورت گرفت.
اهتمامِ صادقانه
بر تجدید عهد مسالمت
به ظهور رسید.
عهدنامه مبارکه‌ی ترکمنچای
مرقوم به امضای همایون
شرف استقرار و استحکام پذیرفت
تا به امضای خواهش‌های منصفانه
دقیقه از دقایق دوستی مهمل نگذاریم.

اشاره‌ای به علی‌السویه‌گری:
امپراطور اکرم‌شوکت مالک بالاستحقاق کل ممالک روسیه
و اعلیحضرت کیوان‌رفعت خسرو با اقتدار ممالک ایران
علی‌السویه تمنای صادقانه
تا به مکاره‌ی جنگی منافی رأی والای ایشان
نهایت بگذارند
به‌واسطه صلحی که متضمن دوام باشد.

فصلی درباره صلح:
مصالحه و مودت و وفاق کامل
الی یوم الابد....

فصلی درباره مبارکه:
عهدنامه‌ی مبارکه‌ی گلستان متروک
عهدنامه‌ی مبارکه‌ی دیگر
ممهور.

فصلی درباره بخشندگی:
اعلیحضرت پادشاه ممالک ایران
از جانب خود
از جانب ولیعهدان خود
جانشینان خود
به دولت روسیه واگذار

تمام زمین نخجوان
و ایروان.

فصلی درباره مذاکره:
از خط مستقیم به قله کوه آغری
به سرچشمه رودخانه قرا
تا به التقای رودخانه ارس
تا به قلعه عباس‌آباد
در کنار راست ارس
نیم آغاج که عبارت از سه ورس و نیم روسی‌ست
رسم می‌شود
و این نصف قطر
در همه اطراف امتداد می‌یابد
همه اراضی و عرصه
در این نصف قطر
بالانفراد متعلق به روسیه.

فصلی درباره خلوص:
اعلیحضرت پادشاه ممالک ایران
برای اثبات دوستی خالصانه
از عوضِ اخلاف
و ولیعهدان
تمام اراضی و جزایر در میانه خط حدود معینه

واضحا و علنا
الی‌الابد
متعلق به روسیه.

فصلی درباره تلافی:
اعلیحضرت پادشاه ممالک ایران
به تلافی مصارف کثیره‌ی دولت روسیه
برای جنگ
به تلافی ضررها و خسارت‌ها به رعایای دولت روسیه
ده کرور وجه نقد.

فصلی درباره شایستگی:
اعلیحضرت پادشاه ممالک ایران
شایسته دانسته
فرزند خود
ولیعهد و وارث تخت
تعیین نموده
اعلیحضرت امپراطور کل ممالک روسیه
از میل‌های دوستانه و تمنای صادقانه
در مزید استحکام این ولیعهدی
تعهد می‌کند
وارث برگزیده تاج و تخت ایران را
پادشاه بالاستحقاق این مملکت را.

فصلی درباره استحقاق:
سفاین تجارتی روس
مانند سابق
استحقاق
به آزادی بر دریای خزر
به طول سواحل آن.
غیر از دولت روسیه
هیچ دولت دیگر
نمی‌تواند کشتی جنگی
در بحر خزر.

فصلی درباره وطن:
اعلیحضرت امپراطور کل ممالک روسیه
وعده می‌کند
فراریان ایران را
اذن توطن ندهد.

هزار و یک قلم

جِنّی به نام آزادی مرا در بند کرده بود
که یک بیانیه از راه رسید
در دستانش چند دهان‌بند و ناله‌ی زندانی.
گفت: «اگر امضایم کنی آن جن یک‌سوم آزادی تو را به تو خواهد بخشید.»
داشتم زیر آن بیانیه را امضا می‌کردم
که بیانیه‌ی دومی از دور پدیدار شد
با خود دو دستبند به نام کرامت انسانی و ستم ملی داشت
و بر مضاعف بودن اهمیت خود تاکید می‌کرد
و شرط می‌بست با امضایش دوسوم آزادی من به من برمی‌گردد
که بیانیه‌ی سوم از راه نرسیده
زندگی را از پرتگاه آویزان کرد
هر قلم که به دست می‌گرفت فرسوده می‌شد.
امضای جن را به جای من پای ورقه زد
و با تحکم به من تشر زد:
«حالا آن جن را آزاد کن، مستبد!
و دست از اعدام بکش

و به مردم گرسنه رحم کن
و فقدان برق و آب و کار را با شلیک جبران نکن
و از آزادی‌های فردی و اجتماعی صیانت کن.»
من گیج شدیم
جن اما معصومانه تذکر داد:
«هیچ دولتی بدون کودتا علیه مردم
آزادی خود را تضمین نمی‌کند.»

پویش دسته‌جمعی

این شعر یک پویش دسته‌جمعی
برای عذرخواهی از دولت
بابتِ مطالباتِ مردمی‌ست
مطالبه‌ی آب
خاصه در شب
جز نشانه‌ای از هماهنگی با مدیرِ تولیدِ محتوای شبکه اینترنشنال
چه می‌تواند باشد؟
و مطالبه‌ی گشودن پابند از شاعر گناهکار را
در بهداری زندان
خاصه که در دست کاغذی نامعلوم دارد
ناشی از بی‌اطلاعیِ محض از ضوابط انتظامی می‌دانیم
کاش این مردم لیاقت این دولت را داشتند
آن‌وقت زبان
به جای نوحه‌سرایی در شبکه‌های مجازی
به خبرگزاری می‌رفت و
پایکوبی می‌کرد

ما خوانندگان این شعر تایید می‌کنیم
مردمِ فهیم
تامل به چیزهایی که ممکن است
هر لحظه از دست بدهند را
به یاداوری چیزهایی که ندارند
ترجیح می‌دهند.

پرسش در توفان

پرنده

پرنده گاهی ما را یاد پرواز می‌اندازد
گاهی یاد قفس
گاهی یاد کودکی

پس کی پرنده ما را
یاد پرنده می‌اندازد؟

پرسش در توفان

توفان آب را فراگرفته
باز یک ماهی
که لب بر سر آب آورده، می‌گوید:
«موجی که من ساختم
کو؟»
توفان آب را از هم پاشیده، به هر سو پرت می‌کند
و به دریا و خشکی
و خانه و حیوان
رحم نمی‌کند.
یک ماهی
که سر بر لب آب آورده، می‌گوید:
«موجی که من بر آب ساختم
کو؟»
توفان همه را در خود کشیده
کتاب و آسمان و
خواب و زمین را.

ماهیانِ مرده به پرواز در آمده‌اند
باز یک ماهی
که هنوز زنده مانده، سر بر لب آورده، می‌گوید:
«موجی که من روی آب می‌ساختم
کو؟»

یادسپاری

به یاد خواهم سپرد
وقتی که تانکرهای آب به روستاها می‌رفتند
نویسندگان مبارز
با کراوات‌هایشان
به گورستانِ آبرو می‌رفتند
برای افطار.
به یاد خواهم سپرد
که ما «سرعتِ از بین رفتن» را
نمی‌شناختیم
چراکه «سرعتِ از بین رفتن» حسابی در بانک ما نداشت
و «سرعتِ از بین رفتن» برنامه‌ی تلویزیونی محبوب ما نبود
و «سرعت از بین رفتن» را
نمی‌شد با دوستمان پای تلفن در میان بگذاریم
شاید که خنده‌مان بگیرد.
به یاد خواهم سپرد
که تعداد دقایقی که داشتی از بین می‌رفتی را

با تعداد کلماتی که در ستون مقاله جا داشتم
در ترازو گذاشتم.
بگذار به سایه‌ای که یک درخت روی آب انداخته
نگاه کنم و
هم‌سرعت با تو که داری از بین می‌روی
به خلسه فرو بروم.
شاید من که در خود هیچ می‌شوم
تو هم با چمدانت
در کناره‌ی بیابان ایستادی و
یک کامیون برایت ایستاد و
بار و بندیلت را برد
به جایی که هیچ‌وقت فکرش را نمی‌کردی.

سفر بدون تقویم

این شعر در برابر شما که دارید
بار و بندیلتان را جمع می‌کنید
چند کلمه است
در برابر یک کوه که دارد می‌ریزد.
به آب نگاه می‌کنم
که از ما دور می‌شود
و به خاک
که در سینه و چشم‌هایمان لانه می‌کند
و به زبانمان
که تا نوک ترس‌هایمان کوتاه شده است،
و تخیلی که مثل علف هرز هر سال چیده‌اند
گذاشته‌اند جلوی طیور.
راه علاج را هم می‌گویند در خود فرو رفتن است
یا به اصلاحاااااااااات چشم بدوزی.
این را رادیو می‌گوید یا تلویزیون
وقتی که ساکِ مردمانِ مجبور به سفر

آن گوشه‌ی اتاق افتاده است.
و اخلاق همیشه زاویه‌ای یافته
که از آنجا که نگاه بکنیم همه چیز سرسبز است
چرا که اخلاق همیشه می‌تواند در تقویم ما درست روز نوروز باشد
سفره را بچیند
سنت‌ها را پاس دارد
بخندد
گیرم به ریش بقیه روزها که مثل ناله‌هایی که دوست نداریم بشنویم
آن گوشه افتاده‌اند.
آنجا که تلویزیون، رادیو
و تخیلاتِ هرس شده
نمی‌گذارند ببینم.

پریروز، دیروز، امروز

پریروز از خواب که بیدار شدم:
سیل در بازار تاریخی.
چه حوض قشنگی‌ست!
کمی فاجعه رونق توریسم را
بیشتر خواهد کرد.
خبر: بارش بیشتر در راه است:
گونیِ شن جزو لوازم احتیاطی.

دیروز در شبکه‌ی مجازی:
سیل پای نخلها.
کاپوتِ پراید بیرون مانده از خاک.
دامِ دفن شده در کویر.
لودر، سنگ را از زندان خود آزاد کرد
آغاز به کار آبشاری جدید!
هورایِ مجازی.

امروز در روی مبل:
آسمان غرنبه‌ای در دوردست.
آیین‌نامه‌ی جدیدِ رسانه:
حوادثِ طبیعی، خود را
با ضوابط اداری منطبق کنند.

فردا در پشت عنبیه‌ی چشم:
کویر در حال مهاجرت
جشنِ لودرهای شکسته ته گودال
ترویجِ نگاهِ عارفانه
به کوهی که خم شد و شکست.
گونیِ شن جزو لوازم زندگی.

تا خوردن

گوشواره‌های چرخانِ درخت‌ها
در باد
منتظر من شاید نیستند
شاید هم.
که از آخرین خبرِ شبِ قبل
سنگینی یک شهرم با غبارهای رو به افزایشش.
طبیعت در من می‌ریخت
تا لحظه‌ی بیدار شدن
که دریا تا خورد.
تا اولین کلمه‌ی صبح
یک ماهی باشد
که از دهانم که بیرون می‌آید
جان می‌دهد.

گم‌شدن در انقلاب ادبی/ ابدی

سبک

به سبک رسیدم
از مسایل منکراتی دور شدم
بوی سیاسی نمی‌دهم
بارِ منفی ندارم
فضای مسموم ایجاد نمی‌کنم
مسأله‌ساز نیستم
از چهره‌های ناسالم ادبی رو گردانده،
و پشتِ دستِ معاندها را گاز گرفته‌ام.
به دنبال تطهیرِ چهره‌هایِ معلوم‌الحال نیستم
روحِ حاکم بر اثرم «تخریبِ احساسات»،
«اشاعه‌ی فساد»،
و «دامن زدن»
یا «خدشه‌دار کردن» نیست.
در مجموع
طوری سروده شده‌ام
که بی‌ربط به مسائل خلافم.

رمز/مرز

من/تو
دارم / داری
می‌آیم/ می‌آیی
از/ با
درخت/ پا
میوه/ میوه
بِ/ له
چینم/کنی

با / در
تو / تو
فهمیدم/فهمیدم
فکر/نتیجه
دوطرفه/ متصل
است/ است

مثل / مثل
دو دست / یک زبان
در / به
دو آستین / یک حلق

ما/آن‌ها

ما/آن‌ها
که/که
داشتیم/داشتند
نگاه می‌کردیم/سوال می‌کردند
چه کسی/چه گلوله‌ای
در آمریکا/ در ایران؟
سرِ کار/کدام
می‌آید/آبان؟

براندازی

من آن زن را برانداختم
تو را بردم آسمان را براندازی
بعد متعالی آمد گفت: «گیرم مرا برانداختید حالا کجا را بر می‌اندازید؟»
بعد من بوسه‌ام را معطل نکردم و با دست‌بند برایش فرستادم
وقتی برگشت گفت: «من برای تبلیغ علیه بدن یک زن به کار رفتم».
و من فهمیدم براندازی یک زن است که شب‌ها همسایه‌ها درهایشان را برایش باز می‌کنند
تا برود از نردبان به آسمان
چند تا مفهومِ متعالی را با لباس زیرهایشان شلاق بزند
به خانه بیایند
جلوی تلویزیون
زبان فارسی کشتی بگیرد ما همه سوت بزنیم
زبان فارسی سرفه بکند ما همه کف بکنیم
زبان فارسی عرقِ شرم بریزد ما ماست بخوریم
زبان فارسی اصلا خودش برانداز است
این را مجری گفت و سوئیچ کرد روی انگلیش:

Each language starts like a river
Eventually it falls into the abyss

نان روی سنگفرش

من حرف که می‌زنم انگار یک کمد خاک می‌گیرد
و دیوارهای یک اتاق در زیرزمین خانه
بالا می‌آیند:
«ما پیش از این به پدر تو گفته بودیم
و پدرت هم به پدرش
باید این جنازه را زودتر چال کنید!»

ما با ورژن جدیدی از زبان آشناییم
که معنای آنچه می‌گوییم را
از مجری تلویزیون می‌پرسیم
و خواهش می‌کنم اشتباه نکنید
این یک شعر عاشقانه است
منتها در انتخابِ معشوق مردد مانده.

من دولت که سر کلاس می‌آید از کلاس بیرون می‌روم
و دولت بیرون ایستاده

می‌گوید: «سیگار می‌کشی؟»
و من سیگار را که از دست دولت می‌گیرم
دولت می‌گوید: «کاش همه‌ی ما روزی به سیاره‌ای دیگر می‌رفتیم»
بعد شلوارش را کمی بالا می‌دهد و از من می‌خواهد زخمش را نگاه کنم و دل بسوزانم
و بعد من و دولت خواب‌هایمان را با هم قسمت می‌کنیم.

از خرید کالا از سوپر مارکت که برمی‌گردم
خرید کالا در یک پاساژ منتظرم است
این پا و آن پا می‌کند و می‌گوید: «قرار نبود زمستان که می‌رسد بر فروشنده‌ها یخ ببارد»
و بعد دست مرا می‌گیرد و به مردی روی یک بیلبورد بزرگ نشانه می‌کند و می‌گوید:
«حقیقتش این است که بیلبوردها از من و تو بیشتر کار می‌کنند.»

این یک شعر عاشقانه است
و من بین دولت و خرید کالا از یک مال بزرگ باید یکی را انتخاب می‌کردم
و حالاست که موزه‌ها تعطیل شوند
و این شعر روی دستم بماند
مثل نان روی سنگفرش.

مکالمه‌ی مغربی

داشتم با زبان ما(دری)ام به تو فکر می‌کردم
که زبان ما(دیگری)ام به من فکر کرد:
- با زبان شما(دری)ات به جهان که فکر می‌کنی
مثل حلزون به خانه‌ی خودت برمی‌گردی-
m(other) tongue
از دهنم بیرون پرید
با شعفی دستپاچه
ریشه‌ی انحراف از خو(دم) را
در خو(بازدم)م یافتم.

گمشده در ترجمه

غرق در ترجمه از زبان دیگر بودم
که تو از زبانم بیرون آمدی
و مرا در خود غرق کردی
با جاشوهای فکرم و بادبان‌های دست‌هایم.
به خوابِ خودم برنمی‌گردم دیگر
وقتی که ابرهایش را با طناب دور کمرت کشیده‌ای
و داری دنیایم را
دور کمرت
می‌چرخانی.
این را شاید در متنی که ترجمه شد ندیدم.

باید به آنچه به آن دسترسی ندارم
اجازه دهم خودش را بروز دهد
وسط میز شام
روی مبل.
او که بیاید

هر جمله‌ی پیش پا افتاده را
لذتِ دهان از گفتگو
خواهد کرد.

ذِکر

کلماتی که از تلویزیون بیرون می‌آمدند
به تلویزیون گفتند:
ما دیر به خانه می‌آئیم.
و خداحافظی کردند
همه می‌خواستند با خودشان تنها باشند
گوشه‌ی پاگرد می‌نشستند
- به جای ذکرِ یاهو یاهو بگویید:
ایدئولوژی ایدئولوژی

تبعید در زبان

نشسته بودم وقتی باد از درخت حوصله می‌دزدید
و پرده در فکر فرو رفتن در خواب گلدان‌ها بود
فغان مرغابی‌های گیج
ذهن مرا تُرش می‌کرد
همه‌چیز از همه‌جا می‌آمد
گرما از قبل
آینه از شکستن
و صبر از بالشت.
با هر وزشِ باد
یک جمله از ذهنم فرو می‌ریخت
شبیه بسته‌ای که به درِ خانه‌ای پرتاب می‌شود
به دنیای یٖ
ξϕÄÊŠų
و باز الفبای دیگری که نشناختم
تبعید شدم.

صورت‌بندی

بدون آنکه از روی تو رد شوم
به خودم نمی‌رسم که وامانده‌ترم
اما حتی وامانده‌ترین‌مان مجبور نیست به آنکه کمتر وامانده است
احترام بگذارد
ما برای احترام گذاشتن تهیه و تدارک دیده شده‌ایم
روی‌مان کارت می‌زنند مهاجر
روی‌مان کارت می‌زنند جهان‌وطن
روی‌مان کارت می‌زنند انگشتِ سبابه در کون
روی‌مان کارت می‌زنند سوته‌دلی خسته از شرق
روی‌مان کارت می‌زنند منتقدی کینه‌ای که دماغش از مشق‌های معلمانش پر است
روی‌مان کارت می‌زنند بلبلی که چهچهه‌ی کلاغ سرش را برده است
باز و بسته
باز و بسته و محترم و نامحترم
صورت‌بندی این کلام خسته است
صورت‌بندی این کلام خسته است

بهار تنبل

این شعر داشت می‌رفت نوشته شود
که موجی برداشتش برد روی کوه تبلیغات:
«فعلا جملاتت را با این کالاها پر کن»
بعد سرِ شعرم را باد گرفت و سرِ تفنگ گذاشت:
«فعلا برای حفظِ مامِ وطن به تو نیاز است»
آن‌وقت تا سرم را از زیر مرداب در آوردم
یک نفر کتاب زیر بغل آمد، خطی زیر یک جمله کشیده بود گفت:
«بدو تا به اینجا برسی!»
بعد شعرِ تنبل داشت زیر لحظه‌ی الهام می‌زایید که
چند نفر پیشنهاد دادند بروم لالِ به معجزه شفا یافته شوم
یا زینت‌المجالس
راه حبسیه‌سرایی هم که باز بود
غُرغُرم که بالا گرفت
یک مردِ شریفِ حکومتی آمد
مرا برد پای یک درختی
کمی شعرم را بریزم
برگردیم خانه.

از امکانات چاپ

شعری در سرم آمد که گفتم اگر ننویسمش
بیشتر خاطره اینکه در سرم آمد
گرمم خواهد کرد.
ننوشتمش.
به همین سادگی مادیت هر چیز فراموش می‌شود
و سانسور یکی‌ش همین فراموش کردن مادیت‌هاست
مثلا تو که بدن نخواهی داشت
در شعر من حضور داری
تا من به چیزی که نیست
دلبسته باشم
و البته
به ذهنت
که توی اتاق دارد درباره‌ی حدود چاپش مسامحه می‌کند.
امکانِ چاپ ما و انتقال خودمان به نسل بعد
به حوالی هیچ رسیده
ما دیگر در چرخه‌ی بازتولید نخواهیم بود.
این بند را برای پایان‌بندی سیاسی
در ذهنتان پنهان کنید.

مخالفتِ رادیکال با تغییر وضع موجود

شعر یک جمع‌بندیِ مصنوعی
از محتوای حیات است
یا یک صورت‌بندی مصنوعی
از کلمات.
اما هرچقدر قرون وسطی
نیاز به همه جور شعر
از مدح و قصیده و مثنوی و مراثی وغیره
(که غزل در وغیره قرار می‌گیرد)
برای دوام خود داشت،
یک عملیات مستمر
در خیال‌ربایی
دنیای معاصر را
با مخالفتِ رادیکال
با تغییر وضع موجود
(که شعر نو هم در آن قرار می‌گیرد)
به هم نگه داشته.

صدسالگی

صدسال بعد از انقلابِ شکوهمندِ نیما
این شعر
در حین انبارگردانیِ پخشِ ققنوس
در یکی از انبارهای حوالی بهارستان
یافت شد
و بارِ اضافی بر دوش پخش‌کننده
تشخیص داده شد.
ناشر پیش از این ورشکست شده
و ققنوسِ پخش‌کننده معطل است چه‌طور شرافتمندانه
از این خیالِ شکوهمند رها شود.
آی شعر،
آی شعر،
کِی می‌شود انبارها
به اندازه‌ی جهان ذهنی‌ام اجاره شوند.
چرا ناسخی نیست در گوشه‌ی یک انبار
وقتی این شعر دارد با عنکبوت‌ها در هم می‌تند

نسخه‌ای را برای آیندگان
ولو با اشتباهات خود رونویسد؟
آی انقلابی که به انبارگردانی ختم شدی!
چرا مرا که در جهانِ زبان غوغا بودم
مساحت بیشتری از زمان نرسید؟

دیدار یا عیادت

دیدار یا عیادت

ما به دیدار تو آمده بودیم
اما دیدار تو عیادت بود
عیادت خوش‌آمدگویی‌ات که معنایش را نمی‌دانستیم
عیادت خاطراتی که سال و ماه و جایش را نمی‌شد مطمئن بود
و فرد و حس و حالش را نیز.
عیادت دست‌نوشته‌ای که معلوم نمی‌کرد به نام چه کس خواهی نوشت
یا موقع نوشتن مقصود آن نام چه کس خواهد بود.
ما به عیادت تو آمده بودیم گرچه به قصدِ دیدار
گویی زیر آفتاب لم داده باشیم برای آزمایش پزشکی.
ما به عیادت تو آمده‌ایم و وقتی برگردیم به ژن‌های تو فکر می‌کنیم
همان‌طور که اگر به دیدارت آمده بودیم به حرف‌هایت فکر می‌کردیم.
ما به رفتار دیگران با تو فکر می‌کنیم
همان‌طور که اگر به دیدارت آمده بودیم به رفتار تو با دیگران فکر می‌کردیم.
ما از رابطه‌ی دنیا با تو عیادت می‌کنیم
و رابطه‌ی تو با دنیا می‌گوید:
ـ راستی شما که هستید؟

من نمی‌دانم چرا وقتی می‌بینمتان
خواب‌هایم سفید می‌شود
آن‌قدر که آخرین سیاهیِ جهان مردمک من است.

دستگیری

دارند می‌آیند تو را ببرند رفیق قدیمی
دیگر نیازی نیست از چشمیِ در بیرون را بپایی
حالا می‌توانی برایشان چای بیاوری
حالا می‌توانی از همان مرغی که برای ما پختی
بهشان تعارف کنی.
آنها مثل ما اصرار به رفتن نخواهند داشت
آنها مثل ما نمی‌گویند کمک کنی ساک‌هایشان را تا خیابان ببرند
آنها مثل ما نمی‌پرسند راستی آخرین بار که عاشق شدی کِی بود
دیگر نیازی نیست صدای تلویزیونت را هی کم و کمتر کنی.
یک درِ بزرگ بر دیوار خانه‌ات آویزان کرده بودی
دیگر لازم نیست در خیالت از آن فرار کنی.
دارند می‌آیند رفیق قدیمی
نگران اجاره‌خانه نباش
آخرین قبض موبایلت را بگذار بعدها که از پیششان آمدی پرداخت کن
شاید تا آن‌وقت شرکت مربوطه را یک شرکت مربوطه‌ی دیگر خرید و پیچاندی
ما هم تا آن‌وقت تا آن‌قدر که به ما مربوط می‌شود غمگین می‌شویم

خوب شد همه‌ی فیلم‌هایت را برایم امضا کردی
تا برگردی گوشه‌ای در خانه دارم که جلویش که می‌روم
درها بسته می‌شود.

سوارِ هواپیما

سوارِ هواپیما بودیم
و هواپیما به دور زمین می‌چرخید
و می‌دانستیم دیگر فرود نخواهیم آمد
و سقوط هم احتمالا نخواهیم کرد
تنها چیزی که مانده بود انرژیِ پرواز بود
و ما مسافران هیچ کدام چیزهایی که بعدا به یاد آوردیم به یاد نداشتیم
مثل اینکه اجداد بعضیمان اجداد بعضی دیگر را در یک ناکجا آبادِ دوردست دیده بودند
و حالا این گذشته‌ی مشترک به کار کشیدنِ تفنگ از دستِ مخالف می‌آمد
و اجدادمان هم نمی‌دانستند که یک دیدار ساده
هزاران سال بعد
در یک هواپیما چه‌قدر به کار می‌آید
و بعضی‌ها می گفتند: «قرار نیست در گذشته چیزی باشد
ما همین حالا با هم و علیه آن‌ها می‌شویم»،
و به منفعتِ مشترک قسم می‌خوردند
خیلی زود ما هواپیما را به دست آورده، از دست دادیم، دوباره به دست آوردیم و در آخر به طور کامل از دست رفت

الان عمری‌ست که وظیفه‌ام نگاه کردن به آسمان است
و حمل کردن چمدان
چمدانی که مال من نیست و
آسمانی که گرچه خیرش به حاکمان می‌رسد
شرّش دامن همه را به تساوی می‌گیرد.

مرد شراب و کباب و رباب

بچوق مهدی،
رفیق با بازوی خوابیده و اشتیاقِ سر پا
که خنده را از صدای یک جَنگ بلندتر می‌کرد
در اتاق خوابیده است و
نفس‌هایش را زیر پتو قایم.
بچوق مهدی،
شهر سینمایی‌ست که درهایش را به رویت بسته‌اند
خنده‌ی یک پسر
در روز تعطیلِ برفیِ یک شهربازی.
بچوق مهدی و،
با پرهای عبوس دور یک آسمانخراش می‌چرخی
با ظرافت یک ماهی
که به تناسب خطر
بچه اش را در دهانش جای می‌دهد.

همسرت می‌گوید
دانه‌های تسبیح را از روی زمین جمع کرده و
حالا در لحظه‌ی گره زدن
تو را که می‌بیند
مردد می‌شود.

آی مرد شراب و کباب و رباب!
آی خیال شهر
در حافظه‌ی بیابان!
می‌گوید:
سوار شده‌ای در اتوبوسی که مسافرینش
قوزک‌های پایشان را به قسمت بار
تحویل می‌دهند.

مهارت‌های اجتماعی

کنار اصرارِ بزرگسالان به کت و شلوار نشسته بودم
در حالتی از احساساتِ رنگ‌پریده و
شوخی‌های مدیر با پدرم
به من نمی‌چسبید

کنار صندوق پیشنهادات و انتقادات
پیرمردی نشسته بود با بافت‌های برعکسِ ماهیچه
او به خوردن ماستِ رقیق‌شده عادت داشت
و انتقاد شبیه یک کاسه بود
توی کیفِ ما

«اهل کاشانم» را می‌خواندیم و
با یک دست ردیف عقبی را از کاری که می‌کرد منع می‌کردیم
فهمیدیم «به نوبه‌ی خود» یکی از قواعد تاریخی ماست

برای همین گرچه راننده سرویس مشکلی با نشستن کنار دنده‌ی بلندِ لرزانش نداشت
ما داشتیم

شب، پدرم مجریِ اخبار را نشانم داد و گفت:
«کسی که زندگی می‌کند
تنها تبلیغات دولتی را تفسیر می‌کند»
من سری تکان دادم
و مهارت‌های اجتماعی مثل بیسکوییت مادر
زیر دندانم خرد می‌شد.

The Spell

تو آن‌که از بیرون می‌آید را
از آن‌که از درون می‌آید
تشخیص نمی‌دهی.
شیاطین سبدی کودک برایت آورده‌اند.
و وردی را بر شمع می‌خوانند.
جغدها سرپوش‌هایشان را بالا می‌کشند.
و زنی از میانشان
در لباسی آشنا دست به سویت دراز کرده.
از آسمان برایت استخوان آورده‌اند.
تو دست بر زانو فشرده‌ای
و می‌دانی اولین حرکتت
افتادن است.

پس از باران

مثل یک آیین قدیمی که در گوشه‌ی یک تخت بیمار افتاده بود
میلِ شمارشِ معکوس برایِ بیمارِ قلبی
و پرستوهای قرص
که رگه‌های ابله بدن را تُک می‌زدند
چون یخی که دارکوبِ آفتاب‌هاست.

پس از باران به جهت شمارش حلزون‌های برعکس
بیرون رفتیم
پاهامان بر جاده‌ای که در آن گوشه بیمار افتاده بود
ساییده می‌شد و
صدای خشِ خشش را
با صدای قلب اشتباه می‌گرفتیم.

عرفان و لوله

پدرت هوای لوله‌های شوفاژ را می‌گرفت
مادرت با پتو ایستاده بود و
صورتش مثل تنه‌ی درختِ سی ساله‌ی گیلاس شده بود.
شاخه‌هایش سرازیر از لیوان، دیس، تابه.
آهنگی که یادت نمی‌آید در چه روزِ کودکی یا جوانی شنیده‌ای
کلماتیش را لای زمزمه می‌خوری.
تلویزیون باران و برف و حوادث طبیعی را مرور می‌کند
و در یک تبلیغ خوشحالیِ یک کاناپه را نشانت می‌دهد.
سیگار را زیر لوله می‌گیری تا خاموش شود
از لوله صدای هوا می‌آید
عارفانه نیست اما
راهی جز این نداری.
کِرم‌هایی که از ذهنت بیرون می‌آیند
بعد از تناسل
به ذهنت بر می‌گردند.

عبور و لاشه

جاده در حال عبور از حشره بود
که روی پوستم افتاد.
معبر شدم و
فاصله‌ی انگشت‌هایم را
کم کردم.
با بال‌های اشتباه
در آسمانی از گوشت
پرواز کرد
و به زمین خورد.

عبور
لاشه‌ی حشره شد.

دمِ تو

در ناتوانی از نوشتن معناهایی‌ست
من در این یک سال به حامد که رسیده‌ام
و به درد او و همه آنچه که او از درد و داد به ما آموخته
خاموش شده‌ام.

آن روز که رفته بودیم قبرستان
و در جست‌وجوی خاک تازه‌ای که پریسا و ری‌را در آن آرمیده باشند.
بالای آن خاک می‌خواستیم در خفا چه بگرییم؟
ربعی از آن گورستان را رفتیم و چرخیدیم و دوباره دور زدیم و نیافتیم.
به سر چند خاک چندبار رفتم.
چه معنای جنون‌آمیزی داشت تلاش برای یافتن خاکی که از ما طفره می‌رفت.
قدرت فکر به حامد را آن روز هم نداشتم.

هنوز در این یک سال به شعر که فکر می‌کنم
یاد برادرت می‌افتم که از دیدار پدر با نامه‌ی اداری جسد متلاشی شده است سخن
گفته بود

راستی دیدار یک پدر با نامه‌ی اداری آن کودک متلاشی شده است
چه آبشاری از رنج است؟

به ناتوانی که می‌رسم
زبان فارسی‌ام را می‌آورم
کلمات تو را دور سرش می‌چرخانم.

داستانِ دروازه‌بان

دروازه‌بان زنِ پرت شده را
از درون دروازه برداشت و
حلقه‌ی ازدواجی که اتفاقا آن هفته خریده بود
با خنده‌ای که تماشاگران دیدند
در دستانش کرد.
به خبرنگارانی که بازی را برای تمام شدن دیده بودند گفت:
«دریا در مشت‌های من جا نمی‌شود.»
بعد بوسه‌ی معطل خود را نشان همه داد.

دروازه‌بان دقیقا نمی‌دانست
که دروازه در زندگی او تا کجاست.
به خودش می‌گفت: «تا آنجا که می‌توانم بپرم
وقتی که می‌شود یک توپ را گرفت و نمی‌توانیم شرمنده‌ایم.»
البته غمگین بود که این همه توپ در جهان
اصلا به دروازه‌ی او شلیک نمی‌شوند.
پیش خودش گفت: «شوت‌های احتمالی مهم‌ترین شوت‌ها هستند.»
شاعر شد و گفت: «به برگ‌ها یاد بده پاییز!
افتادن عجب مهارتی‌ست.»

دروازه‌بان روزی حقیقتی مچاله را در خیابان پیدا کرد
خانه آورد و نشان زنش داد.
زنش گفت: «فکر می‌کردم هر چیز مچاله
جایش در سطل آشغال است
تو تصحیحم کردی.»
بعد بلند شد و از سطل آشغال
بوسه‌ای مچاله در آورد و به گونه‌ی دروازه‌بان زد.
بعد هر دو ناراحت شدند
یادشان آمد چقدر چیزها را با سطل آشغال داده‌اند رفته است.

دوره‌ای بود که زن دروازه‌بان حافظه‌اش را از دست داده بود.
دروازه‌بان اشیاء خانه را می‌برد و
عصر به عنوان هدیه می‌آورد
و زنش خوشبخت می‌شد.
آن دوره دروازه‌بان به خوشبختی می‌گفت: تو.
بعدها فهمید در آن دوره زنش
فکر می‌کرده او پستچی‌ایست
که شب‌ها به رختخوابش می‌آید.
مثل بقیه پستچی‌ها: دعوتش هم که بکنی
آخر خودش است که می‌آید.

دروازه‌بان مرگِ پدرش را این‌گونه تشریح می‌کند:
ما لحظه‌ی مرگ را ندیدیم
ما تنها در بارانِ بدن جسد را دیدیم
تا مدتی دنبال این بودم
که خنده‌ی بی مورد را -هر جا که باشد- بردارم
به شکل گودال
مرگ خاصیتِ زندگی دارد.

یک روز دروازه‌بان برای کشفِ جهان‌های ناشناخته
از اداره‌اش مرخصی گرفت که قبول نشد.
آن‌قدر فرصت داشت که ذره‌بینی بخرد و
باغچه‌ی خانه‌شان را دقیق نگاه کند
دشمنِ پاهایش شد که دایم ناشناخته را تغییر می‌دادند.
فهمید: «در شناخت
تنها ناشناخته را تغییر می‌دهیم.»

دروازه‌بان روزی زندگی‌نامه اش را

به سبک عرفای قدیم

بر ساحل دریا نوشت.

در برگشت دید

دریا تنها خمیازه می‌کشد

چرا که دریا در تکرار خود دریاست.

دروازه‌بان روزی در نامه‌ای که برای معشوقه قدیمی‌اش فرستاد
یک گوش خود را نقاشی کرد.
معشوقه‌اش به او زنگ زد و گفت:
«خایه نداشتی.»
دروازه‌بان گفت: «در هر حال دوباره عاشقم نمی‌شدی
این‌جوری حداقل دو تا گوش دارم
عشق بین دو نفر
ساعت شنی‌ست.»

دروازه‌بان بارها خواب پنالتی‌ای می‌دید
که شانسی پریده بود و
گرفته بود
-غوغا کردی پسر
پیش کسی رفت تا آن را تعبیر کند
او گفت: «خواب‌ها از ما می‌خواهند که تفسیرشان نکنیم.»
دروازه‌بان پرسید: «همه‌ی خواب‌ها؟»
او گفت: «آره... شغل ساده‌ای دارم
تاکسی‌ای پایین هست
که تو را به مقصدت نمی‌رساند
فقط می‌رساند.»

برای هدیه‌ی تولد
دوستان دروازه‌بان
فیلمی برای او آوردند
از گل‌هایی که در عمرش خورده بود.
دروازه‌بان گفت: «ولی خیلی از توپ‌ها را هم گرفتم.»
دوستانش گفتند: «اما آن‌ها جزو هدیه ما نیست
هدیه خوب چیزی‌ست که هیچ‌وقت نداشته‌ای.»
با حکمت گفت: «ما بیشتر مالک چیزهایی هستیم
که نداریم.»

یک بار دروازه‌بان داشت در دریا غرق می‌شد
هیچ‌کس برای کمک به او نیامد
زنش هم که رفته بود خرید
الله‌بختکی نجات پیدا کرد.
پیش خودش گفت: «انتظاری نمی‌توان داشت
البته که نداشتن داراییِ انتظار است.»

دروازه‌بان به دروازه نگاه کرد
که افتاده بود گوشه‌ای
و فوتبال رفته بود در یکی از تجمعات شرکت کند.
مبلش را و کتاب‌هایش را برد و گذاشت
درون دروازه.
خوشبختی‌اش کم‌رنگ بود
اما بود.

دروازه‌بان روزی به زنش گفت:
«تنها آرزوی هر کسی این است
که همه‌ی آرزوهایش برآورده شوند.»
زنش گفت: «تو پیشنهاد بهتری داری؟»
-: «تحقیر را از زندگی بر می‌داشتیم
تا هرکس
معجزه‌ی بی‌مورد خود را
نشان دهد.»

دروازه‌بان گفت:
«روزگاری یک باغ را
در بدن یک دختر گم می‌کردم.»
خیره شد به نیست در جمله‌ی
«زندگی را پایانی نیست»
و سرود: «غروب که می‌شود
هرم ظهر از دهن می‌افتد.»
بعد اعتراض را از طناب آویزان کرد
کنار دستکش و
عرق‌گیرِ کهنه‌اش.

دروازه‌بان از بدنِ زنش فیلم گرفت و
تدوین کرد و
نشان همسرش داد.
بعد هوس کرد تدوین دوباره‌ای بکند و
نشان همسرش داد.
بعد دوباره.
بعد دوباره.
بالاخره زنش روزی
دستی روی شانه‌اش گذاشت و گفت:
«می‌توانستی منظورت را جور دیگری بگویی.»
دروازه‌بان گفت:
«همه‌ی ما از جایی منظورمان را
گم می‌کنیم.»

دروازه‌بان علاقه‌ی شدیدی به دنیای درون پیدا کرد
یکی از اتاق‌های خانه‌اش را
که تا به حال به امر دیگری اختصاص داده بود
به این امر اختصاص داد.
آن روزها او
از بقیه دور بود و
خودش را مثل توپی می‌دید
که وسطِ زمینِ فوتبال
دارد با باد تکان می‌خورد.
تخیل شاداب اولیه که فرونشست
درون او
مثل یک تلویزیونِ سنگینِ قدیمی
در انباریِ یک خانه.

زنِ دروازه‌بان در حالی که داشت
زیباییِ طبیعت را نگاه می‌کرد گفت:
«فقط این نیست که ما طبیعت را گم کرده‌ایم
طبیعت هم ما را گم کرده است.»
همان لحظه ماشینی به آن‌ها زد و
دروازه‌بان با چرخاندن فرمان
ماشین را از پریدن به داخل طبیعت
نجات داد.
با شهودی عارفانه گفت:
«طبیعت حفره‌ای‌ست مکنده
من آن غار را می‌خواهم
که اجدادم در آن
اسب خالدار
می‌کشیدند.»

دروازه‌بان از گم شدن در ذهن خودش لذت می‌برد
اما زمان‌های زیادی می‌شد که گم نمی‌شد
فقط در خودش فرو می‌رفت
بعد هم از روی ردپایی گیج
به زمان حال
که به طرزی غمگین در انتظارش بود
برمی‌گشت.
می‌گفت: «گویی فوتبال بازی‌ای باشد
با هفتاد هزار بازیکن و
بیست و دو تماشاچی.»

دوست دروازه‌بان به او گفت:
«هر بار که تغییر می‌کنیم
بخیه‌های یک جراحی
روی ذهنمان می‌ماند.»
مدتی بعد دروازه‌بان در عوالم شخصی‌اش
یکی از این بخیه‌ها را گشود.
ناگهان ذهنش
به ویروسی بزرگ شبیه شد
که گنجی کوچک را پنهان کرده.
به خودش گفت:
«ایده‌آل را باید با دستکش برداشت.»

مدت زیادی بود که دروازه‌بان به بدن زنش نگاه می‌کرد
متوجه تغییرات زیاد در آن شد
طوری که او را میان احساس‌های متغیر
دگرگون می‌کرد.
زنش به او گفت:
«تو یک نظرباز آماتوری
چرا که فقط نزدیک را نگاه می‌کنی.»
او شاعر شد و گفت:
«دورِ واقعی بدن توست
چرا که مرا از خودم
دور می‌کند.»

دکمه‌ی دیلیت کامپیوتر دروازه‌بان خراب شده بود
همین‌طور می‌نوشت
بی آنکه هیچ‌چیز را پاک کند
چندتایی از دوستانش او را سوژه‌ی خود کردند
چندتایی دیگر جوابش را ندادند
چندتایی هم دوست جدید پیدا کرد.
دروازه‌بان گفت:
«ما با همین پاک‌کن‌هایمان دنیا را به گند کشیده‌ایم
دیکته را باید بدون پاک‌کن می‌نوشتیم
تا ترسِ نویسنده هم توی کاغذ بیاید.»

یک روز دروازه‌بان
به قبرستان رفت تا سری به دوست متوفایش بزند
تا خواست گریه کند
اتوبوسی روبه‌روی قبر روشن کرد
آن‌قدر دود اگزوز خورد
که گریه‌اش را ماست‌مالی کرد و گریخت
پیش خود گفت:
«غم‌های مضحک
شادی‌های ارزانی هستند.»

دروازه‌بان مدتی دچار اختلالِ وسواس فکری شد
وسط مهمانی روی فرش به کار جمع کردن ولو می‌شد
پُرزهایی که به چشم او می‌آمد
به چشمِ هیچ‌کسِ دیگر نمی‌آمد.
روزی که زنش او را وسط معاشقه
در حال تمیز کردن گودی نافش دید
برید.
دروازه‌بان حکیمانه گفت:
«اشیای بی‌جان
به شکل جانداری
به ما
گره خورده‌اند.»

مثل میلِ دست به توپ
در لحظه‌ی جدا شدنِ توپ
از دست،
دروازه‌بان زمستانی از خواب بیدار می‌شد
و حسرتی که نمی‌شناخت
در طول روز
به دنبالش بود.
پیش خود گفت:
«ذهن که زمانی دختری بود جوان
و عطشِ شناختش در من جاری
حالا عجوزه‌ای ناشناخته.»

دروازه‌بان یک بار دن‌کیشوت‌وار
سوار بر اسب بی‌خیالی
به سمت دروازه‌ی حریف تاخت
شاید که گلِ عقب‌افتاده را
در دقایق پایانی
او جبران کند.
نصیبیش گلی شد که خورد
و تماشاگرانی که پس از بازی
ترانه‌ای ناموسی حواله‌اش می‌کردند.
در راه طولانیِ خانه
خیال را لای مشت بی‌جان فشار می‌داد.

زنِ دروازه‌بان برای مدتی
از کودکیِ خود جوری می‌گفت
انگار دانشمندی بی‌حوصله
پروژه‌ای علمی را تعریف کند:
گذشته‌اش مثل یک موبایلِ ارزان‌قیمت
در ویترین.
برای دروازه‌بان اما
گذشته محله‌ای بود بدنام
که مسافرین گمنام از آن
خاطره می‌دزیدند.
این دو در آن روزها
در لحظه‌ی ارگاسم
از زندان هم
دیدار می‌کردند.

صدای آژیرِ آتش آسمانخراش که قطع شد
دروازهبان
با بوسهای شبیه راهپلهای اضطراری
همسرش را مشایعت کرد
تا ۱۴ طبقه از پلهها بالا بروند و
مثل دو چوب کبریتِ خیس
به هم بچسبند
در تخت
چون پسربچهای لخت
بعد از دویدن در برف.

همسر دروازه‌بان روزی از دروازه بان پرسید:
«دوست داری خانه‌ات چه شکل باشد؟»
دروازه‌بان سرش را پایین انداخت و
به پرواز چند پرنده در بالای کوهی که در یک نقاشی دیده بود
اشاره کرد.
همسرش خمیازه‌ی کوتاهی کشید و گفت می‌رود مختصری چرت بزند.
دروازه‌بان اندیشید:
«ناکامی مطمئن‌ترین خانه‌ای‌ست که در آن زندگی کرده‌ام.»

در ذهن دروازه‌بان
دختری
با سینه‌های شورانگیز
روی مبل خانه نشسته و
ناز می‌کرد
در آن حین که او صبحانه می‌خورد و
خرید کالاهای ارزان‌قیمت را
به روز دیگری موکول.
- «زندگی
مثل گلدانی که پر شده
از خاک و برف
روی بالکن.»

دروازه‌بان گل که می‌خواست بزنند
از جایی می‌زد که خودش اگر بود
می‌توانست بگیرد
مهارت او تنها که نبود
برخی دیگر هم می‌گرفتند.
حتی بیشتر از او.
مهاجم به جایی می‌زد که همه از آن گل می‌خوردند
به خنده‌ای که اشتباهِ بیدار شدنِ دروازه‌بان بود از صبح.

دروازه‌بان روزی با تمنا به زنش گفت:
«ردّی از حلزون را می‌خواهم
تا روی حرکتِ ملایمِ برگ‌هایِ نیلوفر
بنشانم.»
زنش ملافه را کنار زد و
خمیازه‌ای کشید که از طول فرش
بلندتر بود.

آبشار هم وقتی سقوط می‌کند
جیغ می‌کشد.

امپایر (یک شعر بلند)

غمگین به نشان‌های خود نگاه می‌کنم
و از دیوارِ افتخاراتِ یک زندگیِ معمولی
عبور می‌کنم
غمگین به نرسیدن‌های مکرر
مثل پسربچه‌ای که مادرش را در رخت‌های یک روز ابری گم
کرد
و دست‌هایم را برای هیچ‌کس دراز نمی‌کنم
چرا که پیش از این سقف را از ملافه‌های خانه آویزان دیده‌ام
و با یک شانه‌ی افتاده
به سراغ دنیا رفته‌ام

مثل صدای آژیر توی بیمارستان
باید بدویم در هم
خوش‌حال که پاهایمان را دور دنیایی تنیدیم
که ما را در امتداد یک خط‌کش پر از اندوه
رسم کرد

ای امپایر،
مرا به گوشه‌های آن رودخانه‌ی قدیمی در پاریس برده‌ای
و مهاجری دیگر را به خوردن سم در راه مدرسه
باران از تونلی که خون داشت عبور می‌کرد
بی آنکه کسی بفهمد

ای امپایر،
همه به فرار کردن آن زن که نخندید نگاه کردند
و به اندازه‌ی غمگین یک بار دیگر راه رفتن تا مدرسه فکر کردند
ای امپایر،
این امکانِ خیال کردن است که ادامه‌ی حیات را ممکن می‌کند
این جبر روزگار است
امپایر می‌خندد و می‌گوید:
امپایر می‌داند شما که هستید
و تا جایی که لازم نباشد مداخله نمی‌کند

باران را نیمه شب تو به ما معرفی کردی
باران بر پدیده‌های متعددی اطلاق می‌کند
یکی‌ش خواننده‌ای که نگران نشانه‌های یک بیماری بر بدن خود دست می‌کشد
یکی‌ش نویسنده‌ای که رویاهایش را هر چند شب یک‌بار می‌برد از شوتینگ
می‌اندازد بیرون

ما تنها نیستیم
ما که از حقیقت مثل یک رژیم غذایی استفاده می‌کردیم
و قواعدِ مرسومِ دفن شدن را نمی‌شناختیم
ما تنها نیستیم
ما دور میزهای بزرگ به برداشتن از میان غذاهایی که می‌شناسیم و نمی‌شناسیم
عادت داریم
ما دورتادور جهان را برای رسیدن به اهدافمان پیامد می‌کنیم
ما پیامدیم
شاید عجیب باشد

ای امپایر،
شاید روزی پاسخ تمام ناامیدی‌های ما بودی
روزی که ظهر پشت گردنمان را -که از بندِ کیفِ مدرسه متورم بود-
می‌سوزاند
و موهای نیم‌برِ مردی که پشت سکو ایستاده بود
به صدایش که بین جیغ و فریاد
نمی‌توانست یکی را پیدا کند و
تا چند روز هیچ‌کس لب به غذا نمی‌زد
شایعه شده بود اسید سولفوریک‌های مدرسه کاربرد دوگانه دارند
و بخشی از انتهای یکی از دیوارهای مدرسه آینه‌ای بود که در آن یک چشم بیشتر
نداشتم

و مادرم شب‌ها بالای سرم می‌آمد و می‌گفت: "از چاقوی زیر بالشت پدرت

"می‌ترسم"
و مرا مجبور می‌کرد بروم نگاه کنم زیر بالشت پدر چاقوی نیم‌کند همیشگی هست یا نه؟
خوابِ پدرم مثل جمله‌ای که روی دیوار مدرسه نوشته بودند بزرگ بود
او با جمله‌ی متاسفانه در جامعه ی ما باب شده است که....
حرفش را پیش می‌برد

متاسفانه در جامعه ی ما باب شده است که
متاسفانه در جامعه ی ما باب شده است که

ای امپایر،
مرا کشانده‌ای به جست‌وجوی قبر مرده‌ای که نمی‌شناسم
در چند کیلومتری سربالایی خانه‌ام
وقتی که غذای ظهر
توی یخچال خانه سرد می شد و
همسرم تنهاییِ مرسوم مرا از روی گلدان پاک می کرد
ای امپایر،
ما را کشانده‌ای به چه؟
به حریفی که نمی‌شناسیم؟

هر ماه یکی دو بار آژیر خانه برای امتحان به صدا در می‌آمد
و پرنده‌های قرمز و آبی
در بالکن‌های مسموم پرواز می‌کردند

هر بار که می‌روی
خنده‌های یک ارّه را به تراس می‌برم
و زیر بارانی که به صدای دره می‌افتد
با دوستی که هوس گذر کردن عمر را بر روی پیشانی‌ام دیده بود
حرف می‌زدم
همه چیز مثل صدای شادیِ یک عروسیِ دور

ما بهترین سال‌های زندگی‌مان را
در جعبه‌های مکعب با انواع نوارها
حتی اگر خواستید از بالای سقف ماشین بیرون می‌گذاریم و
همه چیز همه چیز همه چیز را
برای همیشه می‌ایستانیم

این شعر دارد از پای من بالا می‌آید
مثل یک عقرب
از پایه‌ی تخت

ای امپایر،
امروز از من راضی بودی؟
و آینه‌هایی که لابه‌لای برف‌ها پیدا کردیم نور خورشید را پس نمی‌دادند
ما با کلاغ‌هایی که مسافرت‌های عجیبشان را از یاد برده بودند
قرار داشتیم
پشت خرابه‌ای که آهن‌ربای ترس‌های ما بود

امروز از من راضی بودی؟

مادرم به جای سُرفه
اسم مرا زیر لب می گفت

ای می‌خواهمت از فرشته‌های سیاهی که هر روز بر سرم می‌بارند
از آسمانی که بالای سر مترو
شیشه‌های برفی را به سمت من پرتاب می‌کند
و تو را از شهرهایی که کنار کویر می‌دویدند با خود آوردم
از روزهایی که در طول یک کمربند قدیمی شب می‌شد
ای می‌خواهمت از بالای ابرهای سیاهی که می‌بینم خودم را
و درون این مترو باران دیگری‌ست که پیش از آن‌که روی سرم ببارد
در درونم می‌بارد

بال‌های تو از لای تن‌پوش آبی‌ات فرو رفته در آسمان
و ابرها ساعت‌های متمادی از آسمان دور خواهند بود
و ابرها ساعت‌های متمادی از دور به آسمان نگاه خواهند کرد
برخی شعرها را با خودت هم که می‌خوانی میز ناهارخوری خانه می‌لرزد
برخی شعرها همسرت را با اخم‌های بلندتری به درِ خانه می‌کشاند

ما وقت هر چیز را از دست داده‌ایم
بدنم را به دوردست خواهم برد به پشت کوه

و آن را در یک راه که به راه بعد از خودش و بعد به راه بعد از خودش و بعد به راه بعد از خودش متصل می‌شود خواهم برد
و به خاطره‌ای که دیگر به آن باور ندارم؛ خاطره‌ای که اصلا نیست
تا روزی که مغزم خاطرات خودش را بدون نیاز به من می‌سازد
و آنجاست که شعرم را به دستگاه مایکروفر خانه‌ام تقدیم می‌کنم
آنجاست که شعرم را بر می‌دارم دور از جان شما می‌برم پی‌پی

من نظرم به صورتی کردن پول‌های دنیاست
و صورتی کردن پولدارهای دنیاست
ما هم رنگمان بشود قهوه‌ای.
در خیابان رویمان با محاسبات مالی می‌چرخد
و یک بوسه‌ی اتفاقی دارد گوشه‌ی یک مغازه چشممان را می‌دزدد
در مسیر خنده کراوات در هوا می‌چرخید
راستش نمی‌دانم چه چیزی را باید تعریف کنم
من دیگر چیزی را که شما نشناسید نمی‌شناسم
چراکه این شهر را با آینه‌ها ساخته‌اند

مثل مردی که دنبال کلمه بود
چراکه خواب خداحافظی زبان را
خواب وداعی جان‌سوز با همین "از" و "در" و "را" را
او همیشه دنبال این بود
تا چیزی را که به او می‌دهی از دستش بیندازد

کاشیِ یک دیوار قدیمی در غروب من جا مانده
من ترسیدنِ سیاه پدر را دیدم در هوای ناکس
و مسیر بازار غمگین را دویدم تا سرازیری‌های عمود خیابان
جایی که از زیر گذر که عبور می‌کردیم احتمالِ مشت بود

همیشه ترسِ من از دست رفتن بوده است
و در خیابانی عمودی درخت‌های مورب، کالسکه‌ی فکرم را مسخره می‌کنند
هنوز دلم برای خاطرات شکار شدن در کوه‌هایی که اسمشان یادم نیست
یعنی گریزی نیست و زمان تنها به ما نشان می‌دهد که همه چیز دوباره از سر خواهد گرفت
تا ما در اختراعِ دوباره‌ی اندام‌هایمان با اندام‌های دیگری
در توالدهای خشک
شاد شویم
در زیرزمینِ خنده
وقتی که مترسکِ گردوغبار گرفته‌ی پیر
کاشی یک دیوار را در دست می‌چرخاند

بگذار از این احساسِ "دارم می‌میرم" حرف بزنم ای امپایر
از این احساسِ "با توجه به آزمایشات به عمل آمده"
هر روز گرمای نفس‌های یک شغال، یک شغل
هر روز ریختن یک قطره‌ی نامعلوم از یک گوشه‌ی معلوم
هر روز هوس پریدنِ یک درخت با من است

در چهارراهی که مزه‌ی تلخ ارتفاع می‌داد
با مرد تبلیغات‌چی چهارفصل
که لباس تنهایی مرا به تنم گشادتر کرد

ای امپایر،
مارماهی‌ها را برای زیارت اهل قبور صف کرده‌ایم
مارماهی‌های شرور خود را به درخت‌ها وصل کرده‌اند و می‌گویند:
دنباله‌ی ما هدر رفتن در رویای تو نیست

تا چشم کار می‌کند همه چیز در حال دور افتادن است
و لکه‌های سفیدِ بازیگوش
بر پرده‌ی سیاه آویزانند
بارانِ مترسک‌ها می‌بارد
تا چشم کار می‌کند همه چیز در حال افتادن در دور است

بین عناصر دنیا می‌چرخم
خیالبافی یک پسربچه در کافه هوایی‌ام می‌کند
به روز خنده
وقتی که شعر روی میز کافه مضطرب می‌شد
و لب‌های تو از سانسور اداری خود بیرون می‌آمد
و ما در گذشته‌ای خام
ابرهای خود را با دهان
به سمت یکدیگر پرت می‌کنیم

و از پارکی که سگ‌ها می‌آیند قلاده‌هایشان را باز کنند
دور می‌شویم

به دلیل کسانی نگاه کن که از کاغذهای سفید می‌ترسند
و یک میز قدیمی را نشانم بده
سه کنج دیوار اداره
که یک گلدان مصنوعی خاک گرفته را در پشت خودش پنهان کرده است
بعد ببین چه زود پرتقال پلاستیکی را گاز خواهم زد

"فردا" عدد انداز رفرش کننده‌ی صفحه‌ی لپ‌تاب من است
سرنوشتِ شوم را ای امپایر
سرنوشت شوم را ای امپایر
آیا تو فکر می‌کنی آن‌ها نمی‌فهمیدند؟
آیا تو به چیزی غیر از این فکر می‌کنی؟
سرنوشت شوم را ای امپایر
با امضای سیاه

هنوز از امضای سیاهِ دست‌هایم
روی سنگ‌هایی که زیر درخت گردو افتاده بودند
از متکاهای توربافت مرددی که
روی پای ما باد را می‌بافت
و مسیر خاطره را برای شما سنگ‌چین کرده‌ام

از لای باغ زنی که شوهرش را خواب کرده توی اتاق
و دخترش دارد ته باغ پشت یک دیوار کاهگلی می‌دود
به سمتِ تو

ای امپایر،
به بادبادکِ گود بگو
از دیوارهای این چاه
به قصد تو عبور خواهم کرد
تَرَک‌های هر دیوار خواب تصادف می‌بینند

به کلید گمشده روی طرح‌های یک قالی قسم!
به یک شیر که خاطرات دست‌های زنی ایلی بود
به شکل علف
این دیوانه‌های روییده کنار هر بزرگراه
ناله‌های فریز شده در یخچال
شکل منجمد آغوش را
در ذهنم تکرار می‌کنند

از شهری که در آن زندگی می‌کنی می‌روی
با دعای مردی که خیالش را از دست داده بود
و به شهری می‌رسی که ساحل بلند ماسه‌ای دارد
اما در جوی‌هایش موربهای آب جاری نیست
از شهری که تعارف می‌کند مثلا آن‌جا عقب است بیا به عقب برگردیم

به شهری که از دعوت کردن ما در حد یک نامه مطلع است
از درآوردن یک کاپشن
تا جست‌وجوی کاپشنی دیگر
کاش خانه‌ی من پاهای درازتری داشت
امپایر می‌خندد

ای شعر، ای شعر،
ای بادبادک قدیمی
بر افقی مورب
ای رویای پرکشان و بال‌بریده
ای شعر، ای شعر،

صدای ماهی‌ها را در یک روز روشن تقلید می‌کردم
و همسایه‌ها یک پرواز بلند را برایم هدیه می‌آورند
مادرم داشت یک پتوی نارس را زیر شیر آب می‌شست برسد
آفتاب روی سقف خانه
کولر را کباب می‌کرد

بیرون از هوش ماست که گذشته می‌آید
ای گذشته‌ی هوش‌رفته‌ی من
خانقاه بسته‌ی در کاهگلی من

بوسه‌های تو را با یک رباعی به بهار تقدیم خواهم کرد
بوسه‌های تو را ولو با یک رباعی بهار تحویل نخواهد گرفت

مغرورتر از ما هم نتوانست دود قطار را تحمل کند
شیهه‌ی اسب‌ها دشت را در می‌نوردید تا ما
و ما از ابروهای خود که می‌پریدند و دست‌هایمان که می‌لرزیدند
نشانه می‌آوردیم
تحلیل مبارزه از ما دور می‌شد
نزدیک‌ترین حرف به ما شباهت صدباره و هزارباره‌ی ما به خودمان بود

بگذار این ترس را در یک گونی نگه دارم و
هر چه سر و دست بالا و پایین می‌کند
عین خیال نکنم که نکنم
اصلا من کاره‌ای نیستم
همه‌ی جهانی که تاب می‌خورد مثل یک گونی‌ست
و پایان جهان این گونی از هم می‌پاشد
هیچ
اما در معنایی جدید

انقلابِ حروف

بعد از آخرین قیام

آخرین بار که به انقلاب به پا خواستیم
آن‌قدر پیش رفتیم که
دیگر نه سراغ جمله‌ها رفتند
که به راحتیِ افزودن یک

ن

به اولِ فعل می‌شد مطیعشان کرد
نه دیگر سراغ کلمات
که در جمله‌ای امنیتی می‌شد
از ریختشان انداخت

که سراغ حروف آمدند
اول نقطه‌ها را

ار هم ه ح روف

گرفتند
بعد اتصال حروف را چیدند
بعد هر زیر و زبر را
ْ
گذاشتند

هفت سال هر حرف را
بر دروازه هر چشم
آویزان نگه داشتند
تا همه حروف به
.
فرو تراشیدند

و زبان خشک شد
در عین حیرتِ گلو
و فک و دهان و چشم و انگشت اشاره

از ساختمان سفید که بیرون آمدم

از ساختمان سفید که بیرون آمدم
در تاکسی‌ای که در آن
برادرم می‌گفت: «خوشبختانه به خیر گذشت»
یافتمش
پنهان در پشت مکالمه‌ی معشوقم درِ گوشم
که غفلتا مرا به دهانی در آن ساختمان
برگرداند.
فهمیدم بعد از شکل، بو و کابوس
در جمله پنهان شده‌اند
تا در جستجوی فاعل
قبل از من
به ظن
برسم.

در وسط مهمانی
وقتی همه می‌رقصیدند با

ۋ ؿ ڏ

از

ڶ

تا

ڬ

چیزی نگفتم
و خنده شکلِ افتادگیِ گلو داشت.

کوژم کرد
و به حروف سرایت کردظم
و معنیِظ جملات شظنون به عوظن شدن کردظن

این بار که در بازجویی از من
بگویند: مظنون
دیگر خام نیستم
من را به اسم خودِ متعالم
معرفی خواهم کرد:

ض̣ ں

یا در مواقعی:

ص   ن

هر کدام برای ادامه‌ی این بازجویی مناسب‌تر است.

منحنی معنا

ع بش ف

در مسیر باد افتاد

عاشق: دنبال معنای بدنت هستم ولی انحنایت تغییر می‌کند
«ما را ثابت می‌بینند تا به زور به معنای یک کلمه پی برند
شکل ما اما عوض می‌شود.»

بر ب ا ن

از خودش بدش آمده می‌گوید:
من تا گذاشتن علامت نقل را بلدم.
ادامه این نقل را
:

.

طبق وظیفه یک نقطه‌ی مازاد
جهت آرامش خاطر

م ل

زبان مثل یک رود مُرد

زبان مثل یک رود مُرد
کلمه به حرف برگشت
تصویر به شکل
مدتی به لکنتِ خواننده عادت کرد
بعد به خاک
و بعد به ذره‌بینی در آینده

آیا در این

ز

معنایی جز سهوِ قلم هست؟

در حالِ معنا کردن سهوِ قلم بودیم که
در زدند
کسی دمِ در بود که بزاقش را

در دهان مستمعین می‌ریخت
می‌گفتند شکلِ مردنِ سی و دو حرف را در خواب دیده است

به او که رسید بر زبان او خاک بارید
تو را که دید عشق را از زبان دزدید

به

م   ن

نرسیده اما، روی در هم کشید:
«به تلفظ در نمی‌آیی
مثل سهوِ گلو
که آخرین مونسِ آدمی
دم مرگ است.»

مروج بی‌وفایی

می‌گویند
در قرون وسطی
زنی بود
که مورخ که نمی‌گذاشتند بشود
نسخه‌بردار شد.
و با همکاری دیو تیتیویلوس
که مروج بی‌وفایی نسخه‌بردار به متن بود
اول به ننوشتن چند حرف اینجا و آنجا
بعد به ننوشتن چند نقطه
اینجا و آنجا
و در نهایت
با

ځ ظ

دیو تیتیولوس هم اجازه داد
که بی‌وفایی زن
تا خلق چشمه‌های زبانی تازه
روی کاغذ
ادامه یابد
تنها چون می‌دانست
نسخه‌ی اصلی
به زودی
بی کم و کاست
روی بدن زن
به انگشتِ فراموشی
ثبت خواهد شد.

عریان

ع ر ٮ ا ں

شد
دست و پای مرد
شروع به لرزیدن کرد

در تعقیبِ معاشقه
یک مهمانیِ بزرگ
از زخمی مشکوک
به هم ریخت

هر جسد که در راه گور بود
به آسمان پرواز کرد

معشوق نالید: در نفْس عاشق هزار نقش است

یکی‌ش: حضرت

یکی‌ش: کافِ

ر

ناتوان از پایین آوردن اجساد

پرتابِ گور رونق گرفت

ارض الله

ا ر ض

مَرد

شد.

تابوت

هر شعر که در سرم می‌آمد
تابوتی را جلوی من می‌گذاشت
می‌گفت:
«معنای مرا این تو بگذار.»

بعد،
سخن را به یک دست تشبیه می‌کرد
ظاهرِ سخن شبیه روی دست بود
و باطن آن
شبیه کف دست

پاک‌کنی در کف دستانم می‌گذاشت و
ناپدید می‌شد
مثل غیب شدن برف
از سُر خوردن

در اواخرِ زبان

وقتی زبان به پایان خودش نزدیک می‌شد
مثل آن کشتی که روی قله‌ی کوه
لنگر انداخت
اول تمام نقطه‌ها در بالا چپیدند

ىۛ

و غرق، خشک شد.

تأویل از اول می‌آمد
اولِ کلمات حروف بود.

ناگهان

ا ۏ ڶ

آمد

فهمیدیم لحظه‌ی خلقِ ساعت است و
ما پشت به غروب ایستاده‌ایم.

در لحظه‌ی غرق
دچار حکمت شدیم
اگر د، الفی‌ست در سجده
پس

ذ

چیست؟

او
جوانی بود تازه شناختیمش هر بار با قلمی به دیار ما آمد
و قلمش هر بار اقلیمی تازه بود
دریا که به لب رسید
جمله را برای آخرین بار
نوازش کرد:

من نقطه‌های روی
ضمیری هستم که باید به   اشاره می‌کرد

و ٮ

خرگوشِ خیس

بی‌خیالی

بازوی سابقا بی‌خیال من
دور تن تو می‌لرزید
با مبل و اثاثیه‌ام
و وابستگی به ساعت کار
و وابستگی به زنگ و عشق و عزیزم
و وابستگی به جراید و دوستانی که سنگینیِ مهلک خنده را از دیوار بالا می‌بردند
و حالاست که بر زمین می‌افتد
و اهمیتِ گوش دادن به حرفِ بدون ساعت
کتابِ بدون فراموشی
چرا که من ساعتِ فراموشی را آهسته در گوشِ خود می‌گویم
و وابستگی به تن تو
و اهمیت موبه‌مویِ آه و ناله
در زیر یک سقف خوابیدن
و دنبال کردن بیماری در بدنی که نگاهش که نکنی سالم است
نگاهش که بکنی ترک‌خورده

آی بی‌خیالیِ از طوفان برگشته
من خواهان تو هستم
چرا پیدایت نمی‌شود؟

دهاندن

مرا به او بدهانید
که عشق او در خواب من
دری‌ست که قفل نمی‌شود.
مرا به سرنگی که از او خون می‌گیرد
پرت کنید.
چروکی که از صورتش می‌افتد را
به صورت من بدهانید.
به هر بار که سرش را در دست می‌گیرد
به هر بار که حس لبش دستپاچه‌ام می‌کند
بدهانیدم.
که آغوشش تعویض قدیمی‌ترین حسرت من است
بگذارید هر بار با او عوض شوم
و عاقبتِ خودم را
در این اشتیاقِ دهان‌دم بیابم.
مرا به او بدمانید
چرا که در لمس نَفَس‌هایش
خوشبختی پای‌بندِ رفتن
نیست.

سراشیبی‌های بدن تو

درآمیختن با بدنت
که با سراشیبی‌های متغیر
مرا به مبهم عادت داد
و وسواس شستشوی فکر
در داغیِ بازدم تو
مثل برگشتن نوجوانی عرق‌کرده
به سایه‌ی درخت.
و وسواس نگاهی که از پشت شیشه‌ی آب‌گرفته
به ردپای پیاده‌ای که دیگر
خبری از او نیست
در برف نگاه می‌کند.
درآمیختن با غرورِ دست از رسیدن به آلتت
و پنجه‌ی سفت
کنار گودی شکم.
درآمیختن با خاطره‌ای که کنار کبوترهای روی بالکن همسایه
نشسته است و در هوای سرد

خودش را باد کرده است.
درآمیختن با منظره‌ای که در انتهای بازدم تو نشسته است
و وسوسه‌ی شعله
از باغی خشک بالا می‌رود
و چوب مرطوب
صفت بلندِ کف پاست
در روزهای تنبیه عاشقانه با بدنت.
و غرورِ گذاشتن دست بر گودی پستانت
که اسرار نزاکت را با آستینِ بلند عشق
به من نشان می‌داد.
درآمیختن با ردپای فرار
بر بوسه‌ی تازه‌ی مرطوب
و خشک شدن پنجه
بر راه.
داستان عجیب و باورنکردنیِ واقعیت
در مردمک‌های مرموزِ معناگریز
و نَفَسی که از تو که برمی‌گردد دلگیر می‌شود
و کهنه شدن واقعیت
لای دست‌وپای تو.
و درآمیختن با ترس
که چوب خشکی‌ست در بدن من
از گُر گرفتنِ باغ
در شعله‌ی مرطوب.
دم
و دم و دم.

چسب زدنِ احتمالِ شکسته

چه حضور عجیب و غریبی داری
وقتی که مرطوب
از ساقه‌های خشکم بالا می‌آیی
آینه وقت شعرم را تمام شده می‌دانست
مرا به مذابِ ذهنم حواله می‌داد
کار به این‌جا رسیده بود و تو آمدی بیرون
ای کشفِ نفت   در خاورمیانه!

با چسب به سراغ یک احتمالِ شکسته رفتیم
یادت هست آبجوی دست‌ساز
دست‌های گره‌خورده‌ی ما را
با کبودیِ مرتعشِ صورت
از روی دسته‌ی مبل
آویزان می‌کرد؟

تو را می‌شناسم با آن اخمی که غیرمسئولانه به من نگاه می‌کند
با سرعت غیرمسئولانه‌ی ماشین پرایدت
با صبرِ خنده‌دار جلوی موتوریِ سه‌ترکه‌یِ لات عجول
تو را می‌شناسم
به انعقاد مسئولانه‌ی بدنت با بدنم
روی تُشکی
که پایینِ نردبانِ من
به خواب‌های هراسیده عادت داشت
وقتی که بوسیدمت در ملاء خودم
و از ارتعاش خودم در تو
به جا آمدم.

دور شدن

بگذار به این روزها
به مثابه‌ی آخرین روزهایی که هنوز نرسیده است
نگاه کنیم
از فردای روزی که به سر شغل برویم
یا از فردای مراسم خاکسپاری
یا از فردای جشن تولد یک سنّ مشکوک

ما که می‌خواهیم همان‌طور که روی تشک رها شده‌ایم
ساق‌هایمان را به هم بکشیم و
دست‌هایمان را به ملافه بسپاریم

مسخره است که از خودت دور می‌شوی
مثل بالکن که از پرنده

شلاق و عرفان‌هایش

از بیابان می‌گذرم
ذهنم از بیابان می‌افتد و
از کنار دستی که همیشه حواسش جمع
مسافرت را به سرعتِ ماشین ادامه می‌دهد.

و سگِ خواب
با خمیازه‌ای که از طولِ فرش
بلندتر بود
به دودِ غایبِ سیگاری له شده اشاره کرد
یعنی معنی حیات
در مچاله‌ی ما جاری‌ست.

خیال‌های من آن‌قدر آهسته می‌شوند
خیره به پرگار دائمِ هستی
که بی‌خبر از سرعتِ ماشین
مرا در کنجکاوی نقطه‌ی پایان

فرو می‌برند
فرو.

ناگهان
سمت دهانی بزرگ
از ترس دهانی بزرگ‌تر.
بدنم از پسِ خوابی مأیوس
می‌کاود مرا.
ذهنم
با سرعتِ عرفان
شلاق را   می‌دود.

و من به بیابان بر می‌گردم
جایی که دستم را روی یک دستگیره جا گذاشته بودم.
روی سایه‌ی محوِ باسنِ زنی می‌نشینم
و سنگ می‌کوبم
به اجاق اجاق اجاق.

بازی

کوه آتشفشانی
که مذاب‌هایش
دائم
سنگ شده‌اند
و پله شده‌اند.

آی مار و پله
با بدنت
آی.

آرزو

آسمان را به قلاب ماهیگیری آویزان کرد
تا شکم‌ها و لباس‌ها به هوا بروند
و آدمی بماند و خُلق اول صبح
وقتی که کورمال کورمال در جست‌وجوی محبت
به گوشی‌اش نگاه می‌کند و
در عصبانیتِ پیش از صبحانه
شادی را به قلاب گیر می‌دهد.

هوا مثل یک ابرِ تکه‌تکه مشکوک بود
پاهایش را از بالای دیوار پایین انداخته بود
و دیوار که آجر به آجر خمیازه می‌کشید
به دنیا نگاه می‌کرد که می‌ایستاد و
برای زوالِ تدریجی سلام نظامی می‌داد.

ما روی تخت، خواب‌های شب قبل را
به ده هزار تُن زباله‌ی تولیدیِ شب یلدا

می‌افزودیم
ریه‌هامان را به قلاب می‌دادیم و
آرزو می‌کردیم آسمان
به اندازه‌ی سرفه‌ی سرِ صبح
به ما نزدیک شود.

افسردگیِ صبحانه‌ها

تا کی می‌خواهی بیدار شوی و
به بالکن بروی و دست‌هایت را دور سرت بگیری
مثل دستمال
و در راه برگشت بگویی
گلدان را یک روز دیگر آب می‌دهم
وقتی که حوصله‌ات اندازه‌ی یک آب‌پاش بزرگ
یا یک استخرِ پلاستیکیِ کوچک
شده باشد.
یاد روزی می‌افتی که وقتی می‌خندیدی
یک چوبِ آتشین بلند را در دست می‌چرخاندی
و صدای خنده‌ی همه بلند شده بود
همه برای تو آواز می‌خواندند
و البته سایه‌ی درخت‌ها که با خوابِ بعدازظهر
بلند می‌شد.
بعد می‌بینی ماه کامل شد
طنابِ خیال را از دور گلویت باز می‌کنی

از دکَل به سختی جدا می‌شوی
غیر از آوازی که از یاد برده‌ای
همه‌ی آوازهای دیگر را شنیده‌ای.
آن روز چه فرق می‌کند؟

ساختمان ٤٥ خیابان دانفیلد

زنجیرِ خاطرات را
به گردنِ درخت و خیابان می‌انداخت.
ساختمان
مثل بیماری عرق‌کرده
در آستانه‌ی هذیان بود و
مه را چون کفنی بلند
دور خود پیچان.

مستأجر جوان
یاد مادر دوستش، مدیر خانه‌ی سالمندان، افتاد
که تشییع جنازه را جزو لیست خدماتش قرار داده بود:
- شکلات پیچش کنید و به خانواده‌اش خبر دهید.
خوشحال از اینکه
ذهنش
طعمه‌ی روزانه را

از حافظه به دام انداخته
طعمه‌ی ساختمان شد
که خود طعمه‌ی شهر بود.

این دست

این دست خرابکار است
که هر بار بی‌هوا نام تو را می‌نویسد
میانه‌ی یک سوپ داغ
یا صدای قدم‌های زنی که دوستش دارم
یا وقتی صدای شیر آب، خانه را از آن خود کرده است.

این دست خرابکار است
که هر بار می‌خواهد با مرگ یک شوخیِ ساده بکند
جملات را هی پشت سر هم سوار می‌کند
و به جایی نمی‌رساند
تا همه چیز به افتادن از رمق برگردد.

باید به دست‌های خودم سوهان وصل کنم
باید فلفل بپاشم روی سر انگشت‌هام
یاد روزی که از پشت صندلی‌ام افتادم
همان‌طور که هنوز از خنده دست به زانوی خودم پرت می‌کردم

هر کس همان‌طور که زندگی می‌کند زوال می‌یابد
و جوری شاید هزاران بار بی‌ربط می‌میرد.

این دست همیشه موقع جمع‌آوری، چیزهایی را پرت کرده است.

با تو

تو که رفتی روی چترها ایستادم
از عشق هول کردم، با سایه‌ها آواز خواندم
در خانه آب پاشیدم
با پرده حرف زدم
از دریچه سُر خوردم
در دیوار پچ‌پچ کردم
تنهایی رفتم سینما دو فیلم دیدم
با یک پتو قرار دعوا ریختم
از آقایی ناشناس در تلویزیون حرف‌شنوی کردم
عکس‌های بازیگری معروف را به یک دیوار زدم
صبحانه با یخ سرو کردم
باغچه را به درخت زنجیر کردم
هر دری که دیدم تا نیمه باز کردم
قدغن قدغن خوردم، زیر فرش را پیدا کردم
به کثیفیِ شیشه‌های فروشگاه اعتراض کردم
ناخن‌هایم را در گلدان گرفتم

موهایم را از شانه جدا کردم
با بادکنک از دیوار بالا افتادم
روی سر ایستادم، پشتِ آینه دنبال گشتم
هی لباس پوشیدم هی لباس کندم
با رفتن تو وای چه کنم وای چه کنم
قِر رفتم
متکا لیس زدم
آینه را شماتت کردم
در کفشهایم شن ریختم، آن خاطره را به دریا پس دادم
با دوستانم خندیدم، در دستشویی آب به صورتم زدم.

جنبش: سال‌ها بعد

نیمه شب است
من و همسرم
یاد پلیسی می‌افتیم که
به گردهمایی دانشجویان
جلوی دانشکده‌ی فنی
نزدیک می‌شد
به طرزی مشکوکی به بدن هم نگاه می‌کنم
جوری که دو شاخه به پریز برق
هم من و هم همسرم همه چیز را سر جایش می‌گذاریم
لباس‌های چهار تا شده را در جا لباسی
شکر را در شکردان و
خمیازه را در گلو.

هیچِ سفید

من از روی کاغذ بلند می‌شوم
اصلا می‌آیم کنار هیچ
عکس می‌گیرم و
هیچ، "ه"ی خود را گشاده می‌کند
بعد، عروس ما
از پشت یک پارچه‌ی سفید
یک لوزیِ جلو آمده
با چند لکه‌ی نامشخص
است

یک چاقو
اهمیتِ بوم را پاره کرده است

عریانی از تن در آمده

و بیابان می‌آمد تا شن‌های سال‌ها پیشش را در بدنت جست‌وجو کند
به وقت باد
هیچ یک نمی‌دانستیم عریانیِ از تن در آمده را
کجای مه
کجای تخت
کجای کشویی که دریای بی‌سروسامان لباس‌ها
کجای اعضای بی‌سروسامان
به وقت دخمه کندن در هم
و آینه ساختن از آه

کجای بی‌سروسامانی‌ها
به تو که رسیدم انگار باد و خار
انگار ترکاندن کیسه فریزر زیر فشار سنگ
کجای باد که می‌وزید
سرمای پتو را عاقبتِ عرق می‌کرد
کجای عریانی را کندیم

حالا که مه می‌پوشیم
پرده‌ی خانه را دور پاهایمان
کجای غافلگیر کردن ما از راه می‌رسد
تختِ عرق کرده تا صبح

خواب از من فاصله می‌گیرد
به بهانه‌ی دیدن نفس‌هام
در انحنایت

دسته کلید خانه‌ی قرضی

نامت در ایران
"به هیچ‌وجه در ایران چاپ نشود" است

قصیده

بچه شدم دیگر
خالی از قواعد.
آیا حق با شماست؟
شما می‌دانید همه چیز چه‌طور است؟
ای خیاط‌های زبان
خیاط‌ها؟

ای تو که داری به من پیغام می‌دهی اما جلو نمی‌آیی
ای تو که من به سمتت می‌آیم و تو نیستی
ای تو که شعرت را باید بلند بخوانند
چرا که همه‌ی شعرها را بلند می‌خوانی
در مهمانی‌هایی که به افتخارت برگزار کرده‌اند
به افتخارِ عرق کرده‌یِ تو.

و او که بیشتر از حقیقت به سخنرانی علاقه‌مند است
نوعِ این سخنرانی یا محل برگزاری آن فرقی نمی‌کند.

باید به چشم‌هایم که از دیدن تو به خودم برمی‌گردند
استراحتی بدهم
ای امیدِ به سمتِ تو آمده سربلند و از سمتِ تو برگشته سربه‌زیر.

آدامس را با پا هول بده
زیر مبل‌هایِ دادگاه.

تو دروغ می‌گویی هیچ شعری در این شهر معروف نیست
نه، تو دروغ می‌گویی هیچ شعری در این شهر معروف نیست.

وکیل کیفش را گذاشت روی ترازو
قاضی کیف را به سبک بودن محکوم کرد
دادگاه اسم عقب ایران است
دادگاه اسم عقب ایران است.

کار ما صَرف حادثه است
و معنایی که به بم بودن زندگی اعتراف می‌کند.
کار ما تفسیر است
اعتراف کشیدن از جملات.
یکی می‌نویسد "حرفی ندارم" انگار انسان منوطِ به حرف داشتن است.
کسی می‌نویسد "موضوع بی‌ربطی‌ست" انگار ربط جهان را تنها کیف پول است که حمل می‌کند.

شکست خوردن به صورت‌بندیِ نهاییِ ذهن انسان قبل از خواب بر می‌گردد

درست زمانی که اشتباه در یک مشاهده‌ی همگانی
در ذهن تو این جرقه را می‌زند:
"آیا همه چیز را اشتباه متوجه نشدم
مثل خرگوشی که نور سو بالا افتاده رویش
وسط بیابان؟"

همه چیز برای من کمی متفاوت است؟
همه چیز عروسکی‌ست که همسرم دارد قایمش می‌کند از من
همان که به دلیل دلهره‌برانگیزی از چشمش افتاده است
یا...

ادامه بدهیم تا برسیم به درجه‌ی اول
اول اول اول اول
طبقه در سیستم آموزش ما حذف می‌شد چون به جایش رتبه می‌نشست
و کارمند بار آمدن ما به همین دلیل بود
این که نمرات خود را شمردیم و بایگانی کردیم
آغاز به کار رشد ما
از بایگانی گذشته بود
این که به یک برنامه زودتر از برنامه‌ی بعد
توجه کردیم.

و زمانی فکر می‌کردم همه چیز در ایران تلویزیون است
جوانی بودم دانشجو
وسط خیابان ولیعصر
مانتو را شنلی می‌دیدم

روی شانه‌ی زن
درست وقتی که
همه چیز المپیکِ بازوها بود.

نه این‌طور هم نیست
نه این‌طور هم نیست.

ما از زندگی جمعی شروع کردیم
و به زندگی انزوایی رسیدیم
بهشت گمشده‌ی من در ترجمه‌ای از رمان تولستوی بود
بهشت گمشده‌ی او در ترجمه‌ای از آئین‌های کهن هندی
ما به بهشت‌های مختلف هم مهمان می‌شویم
ولی در بهشت ما امیدِ به زبانِ فارسی ممنوع شده است.

این کلاه را دور می‌گردانم آقایان
پول
پول
پول را بده
این دومین شغل کهن در ایران است
دارند این را از ما می‌گیرند
می‌دانم فکر می‌کنید که دارم شوخی می‌کنم
اما این قبل از هر چیز یک قصیده است
پول آقایان، خانم‌ها
اگر ممکن است پول پول پول پول پول پول پول پول پول پول پول پول‌پول‌پول‌پول‌پول‌پول‌پول‌پول‌پ
ول‌پلولولوپلولولوپلوپلللل

جابه‌جایی

خانه‌ی من ترس از اجتماع پر شور دارد
به حیطه‌ی خصوصی می‌گوید:
بیا با سلام و صلوات تمامش کنیم.
"لطفا" از سقف خانه آویزان است
به جای لامپ یک قبض نشسته است
به جای مبل
"اینجا تشریف داشته باشید"
به جای تو
"ساعتِ خوردن و خوابیدن و غذای مورد علاقه‌ات"
به جای صاحب‌خانه اما
تصویرِ متعالی به دیوار است.
به جای سالاد
کالریِ مورد نیاز.
شناسنامه اما خودش است.
به جای من
جلوی آینه

لکه‌ای روی صورت شامپانزه گذاشته‌اند
ببینند به صورتش دست می‌کشد
یا به آینه.

خانه‌ی من به من می‌گوید:
بیا چاه شویم
بعد بادکنک شویم و گیر کنیم
در چاه.

احترام یک مشاور املاک

جلوی پای شما همیشه مشاور املاک‌ها هستند که بلند می‌شوند
می‌خندند و چای تعارفتان می‌کنند
مشاور املاک‌ها البته وقتی تنها می‌شوند بلوتوثی روی موبایلشان می‌بینند و
می‌خندند.

لطفا به تلویزیون بگویید
در فروش کالاهایمان با هم رقابت داریم
کالای تو: آگهی تبلیغاتی تو
و کالای من: عُمر من.

من سال‌هاست شنیده‌ام کسی درِ گوش من می‌گوید:
-لطفا این‌جا را انگشت بزنید.
من سال‌هاست شنیده‌ام کسی درِ گوش من می‌گوید:
-می‌شود شما را انگشت بکنم؟

چشم من پُر است

از چادری که از درِ ماشین بیرون مانده و نزدیک تایر تاب می‌خورد
و من سال‌هاست شنیده‌ام کسی درِ گوش من می‌گوید:
- لطفا جای خالی زندگی‌تان را با کلمات تعیین‌شده پر کنید.

مشاور املاک‌ها نگهبان‌های غارها هستند که صدایشان می‌پیچد و با فانوسی در دست بیغوله را نشانمان می‌دهند؛ با اسکلت‌های خوشبخت و پول‌های خوشبخت و قبض‌های خوشبخت
که با صدای یک دوبلور تازه‌کار تلویزیون
به جای معنا، احساسات وطن‌دوستانه هدیه می‌آورند.
قرآن علیه ستون نیازمندی‌ها.

مأمور که به حق تعیین سرنوشت اعتقاد داشت گفت:
- لطفا حدس بزنید حریم خصوصی‌تان
در مُشت راست من است یا چپ؟

و آینده‌ی من به طور رازآلودی
آن‌طرفِ خیابان نشسته و
نگاهِ بدون دعوتش را به من
انداخته است.

اجساد موزون

فا ع لا تن فا ع لا تن فا ع لا تن فا ع لن
در مقابل حیرت من چال می‌کردند بدنت را
با شمایل قبری آب‌زده
انحنای بدن مار را در میکده می‌جستم
زاری‌ست که از عقرب به عقل می‌دزدد
زاری‌ست که از عقرب به عقل می‌دزدد

فا ع لا تن فا ع لا تن فا ع لا تن فا ع لن
کی تَف از اجساد ما به بیابان سرایت خواهد کرد؟
ما دیده‌ایم تنِ ما به حال‌های دیوانه می‌رسید
به شیهه‌ی گرگ

خوابیده در خاک
ساعتِ زوزه در بدنم منتظر است

سنگرهای خانگی

با کنجکاویِ غمگین
خیره به صفحه‌ی لپ‌تاب
پتو از زیر سوتینِ سیاهش
کنگره کرده بود و
بالای باسنش
هاشوری قرمز به جا می‌گذاشت
پایش را که روی هم مالید
مَرد
گوشه‌ی جلد کتابش را خم کرد و
چیزی زیر لب گفت:
ما ردّ غروب را زیر گردن یکدیگر
تعقیب می‌کردیم
حالا رسیدن به خانه
با بدنی که ساعتش را در خود چال کرده.

زن گفت: وسایل خانه سنگرهایی هستند که پشتشان پناه می‌بریم

سنگری از میز ناهار خوری، میز بیلیارد، صندلی ماساژ، تردمیل، قفسه‌های برنزی با گل‌های نقره‌ای برای تزئین

مرد روبه‌روی آینه، دستی به شکمش کشید:
باز هم از توی آشپزخانه صدای سنجاقک می‌آید
ماده سنجاقک‌ها سرشان را سیصد و شصت درجه می‌چرخانند و
سر سنجاقک‌های نر را زیر دندان له می‌کنند.
این رابطه به سرانجام سالمی نمی‌رسد.
بعد برای تماشای مستندهای بی‌بی‌سی به کنترل تلویزیون خود فکر کرد.

سنگری از مبل قالی، یک تلویزیون قدیمی، تخت‌خواب آهنیِ تا شو

زن داشت به تصویر نگاه می کرد:
به مهره‌ی آخرِ یک نرم‌تن که توی فیلم زیر یک دندان جا مانده بود
غذای مصور با صدا و تصویرِ دوبله شده
به یادش آمد در نوجوانی‌ش مردی بود که سوتینش را با چاقو پاره کرد
و چند جن از آن میان آزاد شدند
و عشق معرکه‌ای عصبی بود.

درِ کلون‌دار، میزِ چوبیِ ترک‌خورده‌ی قدیمی، تنورِ نانوایی، سینی‌های بزرگ، و درهای آغل‌هایی که با زنجیر و قفل به چهارچوبشان وصل شده‌اند

من به وسواس‌های خودم که نگاه می کنم
شلوارِ خیس
شورت خیس
بدن خیس
من سایه‌ای را از خودم آویزان کرده‌ام.

مرد هیچ‌کدام از این‌ها را نگفت.

زن می‌دانست پاسخ را همیشه پرسش است که می‌سازد
وگرنه پاسخ جمله‌ای‌ست که ناخواسته ساخته شده
انگار پشت یک کامیون
توی تونل گیر کرده‌ایم
و راز فردا آن طرف تونل است
آن روز که معشوق را در یک تنهایی اسف‌بار کنار یک کاسه توالت در یک پارک عمومی در حال پریدن از زمان حال به زمان گذشته دید اینها را ناخواسته فهمید.

سنگری از قایق بادی، دیوار بادی، تشک بادی، اسباب‌بازی‌های بادی،
میز و صندلی بادی، جالباسی‌های بادی
در اخبار جمعیت در بهترین حالت
تعداد کثیری‌ست
که برای چیزی محدود مبارزه می‌کند
هر شب خوابِ دار زدن مغز است
چراکه رویا اگر دار زدنِ واقعیت نیست پس چیست؟

و دریا دید زندگی‌نامه‌ی دریا را که بخواهد بنویسد هی باید بنویسد هی باید بنویسد

خنده‌ی باد

و او یادی زخمی در مُشت داشت
از آن زخم‌ها که انگشت بر زانوی نوجوانیش دیده بود و
رها نمی‌کرد
مثل وسوسه‌ای معلق
که در میان خنده‌ای دسته‌جمعی
عرق بریزد.

او یادی زخمی در مشت داشت
عکس زرد شده‌ی بازیگری کهنه
بر سر درِ سینمایی که مرده است و
رد پای تخمه بر لب‌هایی نمک‌سود.

شبیه یک خداحافظی
که چمباتمه زده روی پله‌ها.

آه اینترنت مرده است و قفل مرده است

"خدا رفتگان شما را" مرده است و
"نوستالژیِ کوچه‌باغ" مرده است.

زنده لب‌های توست
که در قبرستان می‌لرزید.
آه قبرستان مرده است و "درِ اتوبوس" مرده است
"اخلاقِ حسنه" مرده است و "اطلاع‌رسانیِ همگانی" مرده است.

زنده ابری‌ست بی‌چهره از دودکش یک خانه
وقتی که رنگ در آسمان جیغ می‌کشید و فرار می‌کرد.

خوابیدن قطار را دیده‌اید
وقتی با مرده‌هایش راه می‌رود
گوش دادنِ لمیده
به آهنگِ دوباره
خنده‌ی باد و
خاطره‌ی گونی که پرچم عشق‌بازی بود.

آه "ستادِ مبارزه" مرده است و
"سازمان نوسازی" مرده است
زنده اما زبانی‌ست
که مردگانِ ما در آن بیدار می‌شوند و
شکلک در می‌آورند.

بازنماییِ ایران

سریع باش و موتورت را بردار
در قاب عکاسِ خبرگزاری دولتی
وسطِ خیابانِ آب گرفته
پاچه‌هایت را بالا بده
یا وسط خانه‌های مثل توپِ فوتبالِ مچاله
دستِ معشوقِ گردوخاک گرفته را
ولو به اندازه‌ی یک فریم
در دست بگیر و...

بازنمایی ما در حال زندگی کردن با ماست

بی‌خیالِ چیزهایی که می‌شنوید بشوید
هر چه از همه‌چیز خالی‌تر باشید به همه‌چیز نزدیک‌ترید
به امید کسی باشید که عکسش را روی تیرهای چراغ برق دیده بودید.

کنار جمعیتی که در خیابان مصمم نشان داده می‌شد
یک داسِ قدیمی گردنی را با خود حمل می‌کرد
من با چشم‌های خودم دیدم که بازوی او می‌ترسید
و رونق انگشت‌های پایش از چکمه بود.

اهمیت سانسورشده‌ها در بازنمایی ما
همان‌طور که همه‌ی ما می‌دانیم
و این موضوع به جای دوری هم ربط ندارد
مثلا اولین کاغذی که دم دستتان می‌رسد را بِکَنید و بروید از بالکن پرت کنید بیرون.

اجاره دادن ارزش‌های خانوادگی

بیا به همین حرف‌های بی سر و ته اکتفا کنیم
زیرِ بغلِ خواب را، که در کفِ اتاق افتاده، بگیریم و بگوییم: ای خواب،
بیا با هم به خیابان برویم
مه را در آشپزخانه تنها بگذاریم
با ظرف‌هایی که او که می شوردشان خودش هم کمرنگ می‌شود.

غصه را در اخبار دروغ جا بگذاریم
با عادت زشتی که دارد
مثل لکه‌ای که برای نشان دادن خودش سیاه و سیاه‌تر می‌شود.
مسئله همه‌اش احکام زبانی‌ست
ما به صورت‌های مختلف به‌واسطه دشمنی ذاتی که زبان با ما دارد
محکومیم غصه بخوریم.
مثل بادبادکی که در دست‌های میله
منتظر پاره شدن است.

کم مانده روی بازویمان یادی از رهبر فقیدمان بکنیم
"ما مدافعان عدم‌خشونت مدتی‌ست که دم در منتظر شما بودیم
آقای لکه"
و لبخند تحویل بدهیم
جوری که تا به حال لبخند تحویل نداده‌ایم.

کاش می شد ارزش‌های خانوادگی را اجاره بدهیم
هسته‌ی اصلی فکر را
زیر پا له کنیم
بازوی هم را ول کنیم
در هوای سرد
کنار قبض برق.
به دختری نگاه نکنیم که
در آشپزخانه
ظرف‌ها را که می‌شورد
خودش کم‌رنگ می‌شود.

پیشنهاداتی که نمی‌کنم

پیشنهاد نمی‌کنم آدم برفی‌ای که روی بالکن ساخته‌اید را
به اندازه‌ی آرزوهایتان دوست داشته باشید
یا به پیرزنی که از خیابان رد نمی‌شد پیشنهاد دهید
خانه‌اش را روی پل بسازد
پیشنهاد نمی‌کنم که از خوابِ خودتان بازجویی کنید و
شب‌نشینی‌های یک لوله‌ی بلند تفنگ را به رخ ماشه بکشید
پیشنهاد نمی‌کنم به حرکت مدور یک سیم دور گلدان خیره شوید
یا به آویزان شدن ریشه‌هایتان از میخی که هر لحظه شل می‌شود روی دیوار
پیشنهاد نمی‌کنم شانستان را به صدفی گره بزنید
که دریایی طوفانی روز مستی قولش را داده است.

حرفِ غیرمشترک

حسرت
مثل چوب پنبه‌ی یک بطریِ شراب
باید کف‌های وجود مرا بگیرد
که از آنچه انتخاب کردم هم حریص‌ترم
بعد برود مرا بنشاند روبه‌روی مرد مستی که باز از قضا منم
بگوید: دلم می‌خواهد پشت سنگرهای روانی که ساخته‌ای
بشاشم.
آن یکی‌م هم حکیمانه بگوید:
همیشه آنچه اکنون است
به مصاف آنچه هیچ‌وقت نیست
خواهد رفت.

من مشترک نیستم
مرا نمی‌شود قورت داد، تف کرد، شاشید
من جزو برنامه‌های روزانه هستم
مثل چاقویی که اصرار می‌کند میوه که نیست بشقاب را ببرید

یا شبیه ورم معده
وسطِ مهمانیِ رقص.

از خواب پا می‌شوم
در شهریم که نیمی‌ش می‌گوید: کاش کاش کاش.

نگرانی

سامان این شعر
در بی‌سامانی آن است
مثل این شهر
که همین که شهر است جای تعجب است

شهرِ بدونِ آب انبار
بدونِ یخدان
بدونِ خندق
بدونِ باغ
شهرِ بدونِ این همه و با هفت هزار یاغی
با هشت هزار مرده
و سه هزار بارو
و شش هزار دریچه که در باد ایستاده قصد خرید پرده دارند

من دارم از موضعم می‌آیم
از "خریدِ آنلاینِ محصولات ما را فراموش نکنید"

من دارم از "لطفا به علایمِ پیش رو توجه مبذول دارید" می‌گویم
و آخرین باری که مثنوی شنیدم در یک کتاب بود که کنارِ خط‌کش افتاده بود

یک دریچه که حالا به او می‌گویند پل
رک می‌گوید بریز بیرون
و من تا می‌ریزم بیرون خانه‌ام آتش می‌گیرد
و من تا می‌ریزم بیرون پدرم با عرق‌گیر بالای سرم دیوار می‌سازد
و من تا می‌ریزم بیرون
چرا باید این‌ها را بگویم؟

تجزیه و تحلیل دبیرستان

دبیرستان دراز به دراز افتادن ما بود روی پاهای هم
توی بشکه‌ای از مربای آلبالو که سرش را گرفته بودند
همه قرار است از این نردبان که کف حیاط چسبیده بالا بروند
آن سطل اشغال را بینداز توی کاغذ
آن میز را بردار و میخ‌هایش را در بیار و سرِ میخ‌های کج را بینداز توی کاغذ
ما امروز کلاسِ هر کس سر جای خودش بنشیند داریم
و آموزشِ هر کس سر جای خود بنشیند را از مادر که دارد شیر می‌دهد
وای از دست شوخی بچه‌ها که
سر کلاس شیرین عربی دستشان را از آن جای مقدس بچه در نمی‌آورد
حرمت را از میخ آویزان کرده‌اند مدیر به این درک والا رسیده
مای کره خر حالیمان نیست
فقط منتظریم زنگ بخورد
چند تا قینوس بشکنیم کعنهو تخمه

نقش درد

در تب که می‌سوخت
به ندامتگاه ذهنم پناه می‌بردم که باغبانش
غیر از ناتوانیِ خودم
اصرار توست.
تو چه هستی جز اصراری که در زمان تکرار می‌شود؟
جز تکرار دیوارهای یک خانه
برای مساحت؟
جز محتوای یک سند
یا خودکار در دست یک مدیرِ دفتر؟
حقیقت تو قدرت از چه می‌گیرد
جز اصرار و تدوام؟

یک گنبد هستی که گوش‌هایش درد می‌کند.
آنقدر که داروهایت را در طول زمان عوض کردی
کلماتت را عوض نکردی.

از نوجوانی به مرگ تو فکر کرده‌ام
همیشه مرگ تو گوشه که می‌شینم به سراغم می‌آید
اما نوجوان که بودم نمی‌دانستم
درد، تنها تو را در گفتنِ آنچه می‌گویی
مُصرتر می‌کند.

شواهد پزشکی از یک تعزیه

چه بگویم؟
چه‌ها بگویم؟
سراغ چه چیزها بگیرم؟
شمایل چه کس‌ها ببویم؟
چه بگویم؟
چه‌ها بگویم؟
یک سوار از دور دست... در را ببند آقا جان!
یک سوارِ بزرگ‌تر... یک لحظه، این آقا، شما چه می‌گویید؟
یک سوار بزرگِ سبز... صبر کن ببینم سرت را نینداز پایین و برو
ای بابا... یک سوارِ بزرگ... ای بابا آقاجان! صبر داشته باش باید همین‌جور برویم؟
یک سوار...
آقا جان!
او... پرده را آتش بزن بگیرند جماعت تماشاچی بکَنَند ببرند.
این‌جا تعزیه با شفای عاجل اشتباه گرفته شده!
شما هم گوشه‌ای نشسته‌اید. کاری نمی‌کنید. مگر تکان پوست صورت. ورزشِ پوستی.

آ به درک

شهید بلند
از شهادت کوتاه
بالا رفته و
شهد را نوشید

سنگِ مزار ایدئولوژیک
قبرستان ایدئولوژیک
سه قبر ایدئولوژی خریدم
آوردم خانه:
بالا برو رفتم
پایین بیا آمدم
شهد و...
شهد د د د د د

سنگ مزارشان را از مزارشان دزدیدند
خلاصه‌ی زندگی شان سه کلمه است:
آ به درک

کمک به بررس محترم

سرعت مجاز به سرعت مجاز نزدیک شده است
سرعت مجاز دنبال یک سرعت مجاز دیگر افتاده است
این دو سرعت مجاز چه عاشقانه تا اطلاع ثانوی و با تشدید بسیاری امورشبانه مرا به خانه‌ات بخواه
در تو می خواهم از خودم بروم
و شایستگیِ بدن خودم را به رخ جهان خودم بکشم
و شایستگی بدن من قبل از من مورد آزمایش قرار گرفته بود
و شومینه از خاطره‌ی ما یک داستان خنده‌دار تعریف می‌کند
اما در این مهمانی کجا هستی؟

همیشه یک سایه است
یک شاهد که از دور دست آمده بگوید خبری نبود
خسته باشید و دوام بیاورید
شما یک شترِ دوپای گنده توی یک دریای نمکِ گندیده هستید
که به سمت یک دریای نمکِ گندیده می‌روید
ولی آموزگار می‌گوید: من بعد از مرگ آنجا ایستاده‌ام
آن وسط

انقلاب، همیشه وسط است
از انقلاب که دور می‌شویم به انقلاب نزدیک می‌شویم

بیایید قبل از بررس مربوطه‌ی اطلاعات
سطر فوق را بررسی کنیم
نظر نویسنده متاسفانه ساقط شدن است

تو در نظرت من آدم خوبی هستم اگر رأی درستی بدهم
تو به نظرت باید رأی که می‌دهیم همه چیز را قبول داشته باشیم
و شاید ندیدی که ما شب قبل از رأی‌گیری روی رأی‌مان شاشیدیم
و شاید ندیدی که ما شب قبل از رأی‌گیری کون خودمان را روی رأی مالیدیم
و ما شب قبل از رأی تُف کردیم و قی کردیم

حال ما خراب است
حال ما خراب‌تر است
شنیده‌ایم که کسی با سرعت دیوار از ما عقب کشید
تا می‌شود دور شد
شعاع از دایره فرار کرد
ماهی از ساحل برگشت گفت: آب شنایش را یادش رفته
و صدای تو که داری پایت را خشک می‌کنی
و قطرات آب هنوز از ران‌هایت می‌ریزند
تو که یک میزان از اسطوره و واقعیت فاصله داری
و برایت دنیا اصلا جای حرف زدن نیست
و برایت دنیا تکلیفش معلوم است

و قد و قواره‌ی ما به درد این حرف‌ها نمی‌خورد

سراغ سررسید را بگیرید می‌بینید که سررسید در ساعت مشخصی از روز از حوادث ناگوار پر می‌شود

اما ما برای کسی فرصت نداریم تعریف کنیم

آخرین باری که برای کسی فرصت نیافتی کی بود

آخرین باری که کسی فرصتت را نمی‌خواست

عفریشتگان

عفریشتگانی با من‌اند
روبه‌روی میز شام.
یک ساقه‌ی گل
به گلوی آب
عاشق بود.
و بلندگوی خراب
قیژ قیژ دری که هیچ‌گاه در سرم بسته نشد را
پخش می‌کند.

عفریشتگان از سقف آویزانند
و من که می‌بینمشان
همسرم از دریچه‌های عمودی بیرون می‌دود.

چطور به خانه بروم
وقتی خانه
ورق خورد؟

عجز

قرار نیست همه دقیقا به یک شکل از حاکمان‌مان بترسیم
این خوبی زندگی شده است.

من عجزم را بردم دادم به مرد غریبه.
برگشت و گفت: عجز تو به چه کار من می‌آید؟
بعد یک جمله یادم داد که از صدای کلید ترسیدم
محتوای این شعر کم‌کم یادم رفت و جایش را صدایِ خنده‌ی مشکوک همان همسایه گرفت
و درست در لحظه‌ی خروج ماشین از پارکینگ
یک گل پلاسیده جوانه زد کنار سنگ‌فرش.

حالا که هیچ رویایی در من نمانده
حالا که افتاده‌ام مال‌باخته، فریب‌خورده و مشکوک
قوز و بدنم بو می‌دهد
و خودم هم از قنات‌های خشک‌شده در درونم باخبرم
از بازگشت صدای خودم در دیوار می‌فهمم
زندگی یک کمربند است که در دست‌های کینه مچاله شده است.

گروتسک ۲

دلم می‌خواهد تک‌تک سوراخ‌ها، انحناها، کش‌وقوس‌ها
ناله‌ها، آه ناله‌های تو را
با دقیق‌ترین ابزارهای سنجش
اندازه بگیرم.
نمی‌دانستم عشق به زنجیر
مرا به خودم نزدیک‌تر می‌کند.
دلم می‌خواهد روز را با گل‌هایی که خشک می‌شوند،
غروب را
با ابرهایی که سر بر بستر بیماری می‌گذارند
اندازه بگیرم.

یک دودِ سفید گریزان
در آسمانِ مستاصل.

لرزش

من شعری که از آوا شروع بشود ندارم
همه‌ی شعرهای من از یک تصویر شروع می‌شوند
و آن تصویر دارد می‌لرزد
و من به دنبال آن تصویر می‌لرزم
اتاق هم البته می‌لرزد
و ساختمانِ آن شبی که با هم بودیم
هم.

وەی

درباره‌ی سانسور

۱.
حدس بزنیم؟
صدهزار سانسور
توسط دولت
در هر روز؟
یا بیشتر؟

۲.
در قفسِ مکالمه
زبان مال کسی‌ست که
سانسورش می‌کند

۳.
از دولت اجازه خواستم
در خانه زبان را برای خودم داشته باشم
موافقت کرد

با پوشش کم‌ترِ زبان
به شرط انکه
ولو برای آشغال گذاشتن
لخت به خیابان نیاید.

.۴
زبان فارسی خانه‌ی دولت ایران است
آن را پاس نداشتیم.

.۵
آزادی وهمی‌ست
که توان بی‌پایان جمله‌سازی
به آدمی می‌دهد
دولت اما
میل را خورده،
وهم را می‌شکند.

.۶
در زبان فارسی
حرف که می‌زنیم
گوشه‌ای از خانه‌ی دولت را
برایش جارو می‌کنیم.

از شعرهای سنگ قبر

۱.
ابدیت
اولش شبیه گرد‌باد است
آخرش شبیه
آبِ ساکن

۲.
من مرگ را بهتر از زندگی می‌شناختم
حالا تفاوتشان را
نمی‌فهمم

۳.
زندگی زیباترین مجسمه‌ای ست که
مرگ می‌توانست برای من بسازد

وه‌یات

من از ترس به آغوش آن‌چه می‌ترساندم پناه می‌برم
باید این را بدانی
تا آیه‌ی درست را
بفرستی

بیداری

هر روز چند پرنده با من بیدار می‌شوند
بعد چند تفنگ با من بیدار می‌شوند
بعد کرکسی روی من راه می‌رود

عبور از گِیت

و مامور نگاه می‌کند
به بسته‌ی آلپرازولام
کنار پاسپورت

پناه

و باران بیرون پنجره
متروک به نظر می‌رسید
من این طرف پنجره
باد کولر را با انگشت‌های پایم
جابه‌جا می‌کردم
مثل مردی که کویر را پناه داد در خود
تا روی خط افق
دراز بکشد
غمگین

هوس طولانی

انتظار
یک هوس طولانی است
که من معتادش شده‌ام
مثل اعتیاد ماهیِ مرده
به چنگالِ آشپزخانه

شادی

حباب‌ها ساختار مولکولی پیچیده‌ای دارند،
ولی فوت که می‌کند بچه
درست می‌شوند

از هوش می مکرر

تنها
چند لحظه
به خاموش شدنِ
این آخرین وسیله‌ی ثبتِ الکترونیکی
باقی مانده است
دلیلش در این مقال نمی‌گنجد

این پایین را سفید گذاشته‌ام
برای
حدِ ابتکار
در لحظه‌ی نامکتوب شدن

Short Christmas poems

یک سوت و کف دور
در شهر آرام
خمیازه‌ی ناقص یک گربه‌ی خانگی

کلمات می‌پریدند
مثل پرنده‌های روی بالکن
در آسمان ذهن

کاربردهای سایه

سایه‌ی آرزوهایم را روی زمین
لیس می‌زنم
و به پروازم ادامه می‌دهم